KB039660

별의 지도

별의 지도 끝나지 않은 한국인 이야기

초판 1쇄 인쇄 2023년 1월 10일
초판 1쇄 발행 2023년 1월 18일

지은이 이어령
엮은이 김태완
펴낸이 정해종

펴낸곳 ㈜파람북
출판등록 2018년 4월 30일 제2018-000126호
주소 서울특별시 마포구 토정로 222 한국출판콘텐츠센터 303호
전자우편 info@parambook.co.kr **인스타그램** @param.book
페이스북 www.facebook.com/parambook/ **네이버 포스트** m.post.naver.com/parambook
대표전화 (편집) 02-2038-2633 (마케팅) 070-4353-0561

ISBN 979-11-92265-95-7 03120
책값은 뒤표지에 있습니다.

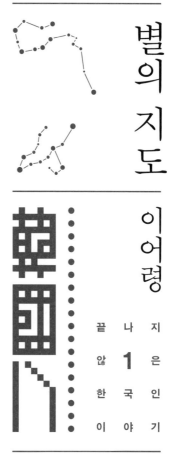

별의 지도

이어령

끝나지 않은 한국인 이야기 1
지은이 이어령

이어령 지음 | 김태완 엮음

파람북

꼬부랑 할머니가 꼬부랑 고개를 넘어가는 이야기

아라비아에는 아라비아의 밤이 있고 아라비아의 이야기가 있습니다. 천하루 밤 동안 왕을 위해서 들려주는 이야기들입니다. 왕이 더 이상 듣기를 원하지 않으면 셰에라자드의 목은 사라집니다. 이야기가 곧 목숨입니다. 이야기가 끊기면 목숨도 끊깁니다.

한국에는 한국의 밤이 있고 밤마다 이어지는 이야기가 있습니다. 어렸을 때 들었던 꼬부랑 할머니의 이야기입니다. 아이는 할머니에게 이야기를 조릅니다. 할머니는 어젯밤에 했던 똑같은 이야기를 되풀이합니다. 꼬부랑 할머니가 꼬부랑 지팡이를 짚고 꼬부랑 고개를 넘다가 꼬부랑 강아지를 만나….

아이는 쉴 새 없이 꼬부랑이란 말을 따라 꼬불꼬불 꼬부라진 고갯길을 따라갑니다. 그러다가 이야기 속 그 고개를 다 넘지 못한 채 잠들어버립니다. 다 듣지 못한 할머니의 이야기들은 겨울밤이면 하얀 눈에 덮이고 짧은 여름밤이면 소낙비에 젖어 흘러갈 것입니다.

정말 이상한 이야기가 아닙니까. 왜 모두 꼬부라져 있는지. 가도 가도 꼬부랑이란 말만 되풀이되는데, 왜 같은 이야기를 매일 밤 조르다 잠들었는지 모릅니다. 옛날 옛적으로 시작하는 그 많은 이야기는 모두 다 잊혔는데, 꼬부랑 할머니의 이야기만은 아직도 남아 요즘 아이들이 부르는 노랫소리에서도 들을 수 있습니다. 신기한 일이 아니겠습니까. 이렇다 할 줄거리도 없고 신바람 나는 대목도 눈물 나는 장면도 없습니다. 그저 꼬부라지기만 하면 됩니다. 무엇이든 꼬부랑이란 말만 붙으면 다 좋습니다.

왜 모두가 꼬부랑일까요. 하지만 이렇게 묻는 우리가 이상합니다. 왜냐하면 옛날 할머니들은 누구나 다 꼬부랑 할머니였고, 짚고 다니던 지팡이도 모두 꼬부라져 있었지요. 그리고 나들이 다니던 길도 고갯길도 모두가 꼬불꼬불 꼬부라져 있었습니다. 외갓집으로 가는 논두렁길이나 나무하러 가는 산길이나 모두가 다 그랬습니다.

그러고 보니 생각납니다. 어렸을 때 말입니다. '너와 나'를 '너랑 나랑'이라고 불렀던 시절 말입니다. 그러면 정말 '랑' 자의 부드러운 소리를 타고 꼬부랑 할머니, 꼬부랑 고갯길이 보입니다. 한국 사람들이 잘 부르는 아리랑 고개도 틀림없이 그런 고개였을 겁니다. '꼬부랑' '아리랑' 말도 닮지 않았습니까. 이응으로 끝나는 콧소리 아름다운 세 음절의 낱말. 아리고 쓰린 아픔에도 '랑' 자 하나 붙이면 '아리랑'이 되고 '쓰리랑'이 됩니다. 그

구슬프면서도 신명 나는 노랫가락을 타고 한국인이 살아온 온갖 이야기가 들려옵니다.

그러고 보니 한국말도 아닌데 '랑' 자 붙은 말이 생각납니다. '호모 나랑스'란 말입니다. 인류를 분류하는 라틴말의 학명이라는데, 조금도 낯설지 않은 것을 보면 역시 귀에 익은 꼬부랑의 그 '랑' 자 효과 때문인 듯싶습니다. 지식이나 지혜가 있다고 해서 '호모 사피엔스'요, 도구를 만들어 쓸 줄 안다 해서 '호모 파베르'라고 하는가, 아닙니다. 몰라서 그렇지 과학기술이 발전한 오늘날에는 그런 것이 인간만의 특성이요 능력이 아니라는 점이 밝혀졌습니다. 그러나 어떤 짐승도, 유전자가 인간과 거의 차이가 없다는 침팬지도 밤하늘을 바라보면서 별 이야기를 만들어내고, 땅과 숲을 보며 꽃 이야기를 만들어낼 수는 없습니다. 짐승과 똑같은 동굴 속에서 살던 때도 우리 조상들은 인간이 살아가는 현실과는 전연 다른 허구와 상상의 세계를 만들어냈습니다. 그것이 신화와 전설과 머슴방의 '옛날이야기' 같은 것입니다.

세상이 변했다고 합니다. 어느새 꼬부랑 할머니를 볼 수 없게 되었습니다. 동네 뒤안길에서 장터로 가던 마찻길도 모두 바로 난 자동찻길로 바뀌었습니다. 잠자다 깨어 보니 철길이 생기고 한눈팔다 돌아보니 어느새 꼬부랑 고개 밑으로 굴이 뚫린 것입니다. 그런데도 이야기는 끝난 게 아니라는 겁니다. 바위 고개 꼬부랑 언덕을 혼자 넘으며 눈물짓는 이야기를 지금도 들을 수 있습니다. 호모 나랑스, 이야기꾼의 특성을 타고난 인간의 천성 때문이라 그런가 봅니다.

세상이 골백번 변해도 한국인에게는 꼬부랑 고개, 아리랑 고개 같은 이야기의 피가 가슴속에 흐르는 이유입니다. 천하루 밤을 지새우면 아라비아의 밤과 그 많던 이야기는 언젠가 끝납니다. 하지만 아이들에게 들려주는 꼬부랑 할머니의 열두 고개는 끝이 없습니다. 밤마다 이불을 펴고 덮어주듯이 아이들의 잠자리에서 끝없이 되풀이될 것입니다. 그것은 망각이며 시작입니다.

아니, 아무 이유도 묻지 맙시다. 이야기를 듣다 잠든 아이도 깨우지 맙시다. 누구나 나이를 먹고 늙게 되면 자신이 어렸을 때 들었던 이야기를 이제는 아이들에게 들려주려고 합니다. 천년만년을 이어온 생명줄처럼 이야기줄도 그렇게 이어져왔다고 생각하면 됩니다. 인생 일장춘몽이 아닙니다. 인생 일장 한 토막 이야기인 거지요. 산속에서 길을 잃고 헤매다가 선녀와 신선을 만나 돌아온 나무꾼처럼 믿든 말든 이 세상에서는 한 번도 듣도 보도 못한 옛날이야기를 남기고 가는 거지요. 이것이 지금부터 내가 들려줄 '한국인 이야기' 꼬부랑 열두 고개입니다.

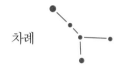

차례

1부 | 별을 바라보는 마음

오직 인간만이 땅에 발을 딛고 하늘을 올려다봅니다

세상에는 속도를 늦추지 않으면 알 수가 없는 게 많아요.
속도를 늦춰야만 똑바로 바라볼 수 있어요.
셰익스피어의 표현처럼 '시간은 하찮은 듯한 걸음걸이로 기어가지만'
'내일 또 내일 또 내일'이 찾아오죠.
나를 둘러싼 상황을 직시하지 못하면 이 현실을 극복하기 어려워요.
인간은 신성하지도 영원히 살 수도 없습니다. 나약한 존재에 불과해요.
오직 스스로의 결단과 선택만이 우리 운명을 결정지을 수 있습니다.
그러기 위해서는 한국인, 우리를 둘러싼 세상.
이 세상의 작은 한 부분부터 바로 볼 필요가 있어요.

'한국인 이야기'의 바탕에는
'어떻게 살아야 하는가'에 대한 단순하면서도 명료한 물음이 담겨 있습니다.
출발점에 선 벅찬 마음을 조금 가라앉히고,
먼지투성이 안테나를 다시 고쳐 세우며, 천지인 天地人
그중에서도 우리를 둘러싼 '하늘' 이야기부터 시작합니다.
땅과 사람 이야기도 차례차례 들려 드리겠습니다.

1장   우리, 눈을 들어 저 밤하늘을 볼까요

\#   다시, 하늘의 별을 생각합니다

눈을 들어 밤하늘을 보면 수많은 별이 있습니다. 한국인은 '별' 하면 먼저 윤동주 尹東柱(1917~1945) 시인을 떠올리게 되지요. 지상에서 마주한 얼굴이 하늘로 올라가 하늘의 얼굴, 하늘의 눈동자가 되면 윤동주의 시에 가장 가까운 이야기가 됩니다. 〈서시〉를 한번 외워볼까요?

죽는 날까지 하늘을 우러러
한 점 부끄럼 없기를
잎새에 이는 바람에도
나는 괴로워했다.

별의 지도

별을 노래하는 마음으로
모든 죽어가는 것을 사랑해야지
그리고 나한테 주어진 길을 걸어가야겠다.

오늘 밤에도 별이 바람에 스치운다.

윤동주 〈서시〉 전문

첫 행과 둘째 행의 '죽는 날까지 하늘을 우러러 한 점 부끄러움이 없기를' 바라는 마음은 맹자의 어록에 나오는 표현입니다. 어린 시절 윤동주는 《맹자》와《성경》을 배웠다고 합니다.《구약성경》에서 선악과를 따먹은 아담과 이브가 부끄러움을 알게 되었다고 하지요? 부끄러움을 알게 되었다는 것은 다른 사람의 위치에서 자신을 바라보는 눈이 생겼다는 것입니다. '다른 사람'이란 하늘을 뜻합니다.
윤동주가《맹자》와《성경》에서 영향을 받았으리라 여겨지지만 〈서시〉는 동양적인 문맥의 '천天' 개념, '앙불괴어천仰不愧於天' 사상이 담겨 있다고 할 수 있어요.
옛날 한국인들은 오늘의 우리보다 훨씬 더 사물로부터 많은 것을 보고 배웠습니다. 사물 속에 숨겨져 있는 본성이 있다고 생각했고 그 본성은 하늘이 주는 것이라 여겼어요. 인간은 그 무수한 사물의 본성을 통해 물질의 만족이 아니라 정신의 행복을 찾으려는 존재죠. 여기서 본성이란 쉽게 말해 적자赤子의 마음, 즉 아이의 마음입니다. 그 아이의 마음을 잃지 않고 사는 사람을 맹자는 '대인大人'이라 불렀는데, 몸뚱이가 큰 사람이 아니라 정신적 행복을 느끼고 사는 사람을 의미합니다. ▶행복의 철학

앞으로 나의 하늘 이야기를 듣고 여러분이 천지인을 알게 되면 윤동주의 저 시가 새롭게 느껴질 것입니다. 지금 손을 들어 허공에 선을 하나 그어 보세요. 그것이 천天입니다. 그 아래에 다시 선을 하나 그으면 지地가 됩니다. 그리고 그 사이에 다시 선을 하나 그으면 인人이 됩니다. 한자로는 석 삼三 자와 같은 형태지요.

행복의 철학

맹자孟子는 군자유삼락君子有三樂의 행복론을 말했지요.

부모가 모두 살아계시고 형제들이 아무런 일 없이 건강한 것을 첫 번째 즐거움이라 했어요. 父母俱存 兄弟無故 一樂也

하늘을 우러러 한 점 부끄럽지 않고 땅을 내려 보아 남에게 창피하지 않게 사는 것을 두 번째 즐거움이라 칭했어요. 仰不愧於天 俯不怍於人 二樂也

천하의 똑똑한 영재들을 모아 그들을 가르치는 것을 세 번째 즐거움이라고 했어요. 得天下英才 而敎育之 三樂也

참고로 공자孔子(B.C. 551~B.C. 479)도 '인생삼락'을 이야기했지요.

배우고 때때로 익히면 이 또한 즐겁지 아니한가學而時習之 不亦說乎를 첫째로 꼽았고, 친구가 있어 멀리서 찾아오면 이 또한 기쁘지 아니한가有朋自遠方來 不亦樂乎를 둘째로 꼽았으며, 사람들이 나를 몰라주더라도 화를 내지 않으면 이 또한 군자가 아니겠는가人不知而不慍 不亦君子乎를 세번째 인생의 즐거움으로 보았습니다.

다산茶山 정약용丁若鏞(1762~1836) 선생도 〈유수종사기遊水鐘寺記〉에서 인생삼락을 말했습니다. 첫째는 어렸을 때 노닐던 곳에 어른이 되어 다시 오는 것이고, 둘째는 곤궁했을 때 지나온 곳을 성공하여 크게 된 후에 찾는 것이고, 셋째는 홀로 외롭게 지나던 곳을 마음에 맞는 친구들과 찾아가는 것입니다. 幼年之所游歷, 壯而至則一樂也, 窮約之所經過, 得意而至則一樂也, 孤行獨往之地, 攜嘉賓摯好友而至則一樂也

\#　　사람 하나의 힘만으로는 안 되니까요

농사를 짓는다고 가정해봅시다. 하늘에서 비가 오지 않으면 농사를 지을 수가 없어요. 비는 하늘에서 땅으로 오는 것이지요. 그런데 아무리 비가 충분히 와도 씨앗이 땅에 떨어지지 않으면 식물은 자라지 않아요. 하늘의 힘과 땅의 힘 속에서 식물이 자랍니다. 그런데 이 안에 사람의 힘이 없으면 곡식이 아니라 잡초가 자랍니다.

하늘과 땅, 사람의 힘과 노력 모두가 어울렸을 때만 우리가 곡식 한 톨을 먹을 수 있어요. 아무리 인간이 노력해도 도울 땅이 없으면 곡식이 나지 않고, 땀 흘릴 사람이 없으면 땅이 준비되어 있어도 곡식이 나지 않으며, 하늘에서 비가 내리지 않으면 농부와 땅이 있어도 곡식이 자라지 않아요. 그러니 농자천하지대본農者天下之大本이라는 말은 단순히 농업이 중요하다는 말이 아닙니다. '인간의 힘만으로는 안 된다' '땅의 힘만으로도 안 된다' '하늘의 힘만으로도 안 된다', 즉 모든 것, 다시 말해 농업은 물론이고 산업, 금융업 등 무엇을 하든 하늘과 땅, 사람이 합쳐졌을 때만 인간이 살아갈 수가 있다는 말입니다. 나는 88서울올림픽과 같은 큰 행사를 기획할 때마다 이 천지인 삼재三才 사상을 기본으로 했어요.

삼재 사상에서 세상은 천지인天地人으로 구성됩니다. 하늘이 천, 땅이 지, 그리고 만물의 영장인 사람이 인이지요. 동아시아 문화권에서는 이 세 가지 사물의 조화를 무척 중하게 여겼습니다. 오래전부터 하늘과 땅, 그리고 인간이 상호 감응하여 우주 자연의 생태질서가 형성된다고 보았어요.

한국 문화의 대표적 상징이 태극이잖아요? 이 태극에도 음양과 삼재라는 두 층의 의미가 들어있다고 해석합니다. 쉽게 말해 주역에 나오는 팔괘가 세 번 변화하며三變 하늘, 땅 사람을 이룬다고 보았던 것인데요, 학자풍으로 말하면 '역易의 정신이 그 핵심인 음양, 천지인 삼재를 원형archetype으로 하는 태극의 문화 의식으로 표출되는 것'이라고 하겠습니다. 한국의 전통문화의 바탕에는 다름 아닌 천지인天地人이 깔려 있는 것이죠.

\#   하늘, 땅, 사람의 조화를 고민하던 시절이 있었습니다

앞에서 우리는 허공에 하늘과 땅, 그 사이의 사람을 그려 한자 석 삼三 자를 만들었지요? 요즘 뉴스를 보면 억億을 넘어 몇조兆 이런 단위의 금액이 흔하고, 반대로 내 통장을 보면서 '아휴, 요것밖에 없어'라고 한숨이 나오곤 하지만 사실 세상은 석 삼三 자만 있으면 됩니다. 삼三 자만 있으면 세상을 얻을 수 있어요.

이것은 조선 후기의 실학자 이규경李圭景(1788~1856)이 한 말입니다. 그는 "농업을 하기 위해서는 천지인 세 가지의 힘이 있어야 한다"고 했지요. 가뭄으로 농사를 망치거나 물난리가 나면 모두 임금부터 저 시골 벽지의 가난한 농부까지 '내 탓'이라 생각했습니다. 가물면 기우제祈雨祭를 지내고 장마가 지면 기청제祈晴祭를 지내며 천지신명께 머리를 조아렸습니다. 천지인이 하나가 되길 바랐던 것이죠.

조선 태종이 지은 경회루慶會樓는 가뭄으로 고초를 겪어 비를 간절히 바라는 염원과 무관치 않다고 합니다. 중국《전등신화剪燈新話》에 〈수궁경회록水宮慶會錄〉이 전해지는데, 중국 전설에 한 명필이 용궁에 초대받아 궁루의 편액을 써달라 해 써서 단 것이 경회루입니다. 그리고 비를 관장

하는 것이 바로 용이죠.

과거 KBS 사극 〈용의 눈물〉이 인기가 많았습니다. 태종 이방원이 대궐에서 홀로 기우제를 지내다 탈진해 숨을 거두는 장면이 마지막 장면이었어요. 그런데 죽는 바로 순간 비가 쏟아지는데 마치 용이 승천하면서 눈물을 흘린 것처럼 보였어요.

조선 후기의 실학자 이긍익李肯翊(1736~1806)이 지은 《연려실기술》에 실제로 다음과 같은 기록이 있습니다. 여기서 상왕은 태종을 말합니다.

> 세종 4년 상왕이 승하함에 임하여 이르기를 가뭄이 극심하니 내가 죽은 뒤 반드시 비가 오도록 할 것이라 했다. 상왕의 말처럼 비가 오더니 그 후로도 매양 제삿날이면 비가 왔다. 사람들은 이 비를 태종우太宗雨라 하였다.

사실 농경문화란 하늘과 땅 그리고 인간의 협력에 의해서만 그 결과가 나타나는 법입니다. 아무리 열심히 일해도 홍수가 나거나 가뭄이 생기면 게으른 자와 마찬가지로 아무것도 얻을 수가 없지요.

마찬가지로 땅이 척박하면 아무리 부지런히 일해도 기름진 땅에서 낮잠을 자는 게으른 농부를 이기기 어렵지요. 천지인 삼재가 합쳐져 이루어지는 농사꾼의 경쟁에는 이렇게 3분의 2가 천과 지의 변수가 작용해요. 그러니 요즘 어느 정도 과학적 영농이 가능하다고 해도 여전히 하늘과 땅의 변수에 얽매일 수밖에 없는 게 우리 인간이죠.

천지가 이럴진대 사람 역시 믿을 게 못 됩니다. 예컨대 선비들이 문장을 겨루고 이념을 논하는 것도 마찬가지죠. 글이나 예술은 사람의 주관이나 지식의 차이에 따라 각기 달라지잖아요. 내가 보기에 형편없는 글을 평론가들이 극찬하기도 합니다. 어떤 이가 잘 쓴 문장을 어떤 이는 신통찮다고 여기기도 하죠.

\#   정복할 수 있다고 착각할수록 멀어집니다

     판단이라는 글자 자체에도 나타나 있듯이 판判이란 칼로 반을 자른다는 뜻입니다. 칼은 붓보다 언제나 분명하죠. 붓으로 싸우는 선비들의 승부는 칼로 싸우는 무사武士들보다 우열을 가리기가 어려워요. 그래서 천지인 속에서 자신을 객관적으로 바라볼 줄 알아야 합니다.

내가 국제 학술대회 같은 곳에서 이런저런 학술적인 발표를 할 때 서양 학문을 아무리 가르쳐봐야 그 사람들이 놀라겠어요? 그런데 삼재사상, 천지인의 조화를 이야기하면 눈빛이 달라져요. 서양은 천지인이 합치는 것이 아니라 싸우는 역사거든요.

하늘이 땅하고 싸우고, 땅이 사람과 서로 치고받고 싸워요. 심지어 그리스 신화의 우라노스 이야기를 보세요. 아버지가 자식을 잡아먹잖아요.

우리에게는 천지인이 합쳐져야 한다는 게 너무 당연한 이야기라 우습게 들려도, 서양 사람들에게는 "와, 어떻게 이런 생각을 할 수가 있지?" 해요.
그들은 지금의 역사가 끊임없이 하늘과 땅이 서로 싸우고, 인간과 자연이
서로 싸워서 이루어낸 결과라고 믿거든요.

하지만 그들의 문화에도 사실 천지인 사이의 대립만 존재했던 것은 아닙
니다. 그 점을 까맣게 잊어버리고 있었으니 깜짝 놀라는 것이죠. 서양의
구약성서에 아브라함은 늙어서 낳은 귀한 아들 이사악을 번제로 바치라
는 신의 명령을 받습니다. 내 계명을 잘 지키고, 내 명命을 잘 따를 수 있
는지 검증하는 일종의 테스트인 셈이지요. 아브라함이 순명順命하여 칼
을 빼 들고 나서야 하느님은 만류합니다. 아브라함의 가슴 속 깊이 자리
잡고 있던 하느님의 권능에 대한 믿음을 확인한 것이죠. ▶아브라함과 순종
성경 속 신(하늘, 하느님, 하나님)은 인간의 맹목적이며 충동적인 순종을 바
라지 않습니다. 또 강제하지도 않고요. 온전히 인간 각자의 자유로운 응답
의 결과로 하늘에 따르길 원합니다. 어쩌면 아브라함이 1초만 주저했어
도 이사악의 목숨은 물론 이스라엘의 역사가 지금과 어떻게 달라졌을지
장담할 수 없지요. 반면 구약에서는 '자기 조상들이 하던 그대로 주님의
눈에 거슬리는 악한 짓을 저질러'(열왕기 하권, 23장 37절) 전쟁과 불행을 가
져왔다고도 적고 있습니다. 지금도 인간은 코로나19와 싸우고 있고, 코로
나19를 통해 드러난 대지, 자연, 하늘과 치열하게 싸우고 있다고 여기고
있어요. 문제는 인간이 아무리 노력해도 자연을 정복할 수 없다는 것입니
다. 정복할 수 있다는 착각이 불행을 가져오고 있지요.

아브라함과 순종

성경에서 아브라함과 아내 사라 사이에는 자식이 없었고 육체적으로 더 이상 자식을 낳을 가능성이 없었습니다. 하느님께서 99세가 된 아브라함에게 나타나셔서 그가 아버지가 될 것이라고 말씀하시자 아브라함은 속으로 이렇게 생각했어요. '나이 백 살 된 자에게서 아이가 태어난다고? 그리고 아흔 살이 된 사라가 아이를 낳을 수 있단 말인가?'라고요. (창세기 17장 17절)

이렇게 어렵게 낳은 아이를 바치라는 하느님의 명에 그는 복종했습니다. 그래서 아브라함이 단지 이사악의 아버지가 아니라 모든 신앙인의 아버지라는 칭송을 받게 된 것입니다. 아브라함의 존재는 유대교, 그리스도교, 이슬람교에서 확고한 위치를 차지하고 있어요. 이들 종교들을 '아브라함의 종교'라고 말하는 것도 그런 이유에서입니다.

\#   권력과 행복은 왜 반비례할까요

       기왕 이야기가 나온 김에 권력의 부침과 행복에 대해 이야기 해볼까요?

왕이 된다는 것은, 권세가 행복의 근원이 된다는 것은 도대체 어느 문헌에 적혀 있나요?

흔히 왕권을 하늘이 준 권력으로 여겼어요. 하늘과 왕권을 동일화시키려고 스스로 '황제皇帝'라 칭하고 천제天帝, 천자天子라고 불렀습니다. 일본은 지금도 천황天皇이라 부르고 있어요.

하늘이 준 권력을 가진 황제, 천제, 천자, 천황의 말로는 비극적이었어요. 고대 그리스 시기 자기 운명을 예감한 어떤 폭군은 자기 국가(왕좌)의 불안을 자기 머리 위에 걸려 있는 검劍의 공포와 비교하기도 했습니다.

기원전 4세기 고대 그리스의 도시국가 시라쿠사에 디오니시우스 왕이 살았습니다. 그에게는 다모클레스라는 아첨하는 신하가 있었습니다. 이 신하는 겉으론 왕의 비위를 맞추기 위해 입에 발린 말을 잘하였지만, 속으론 호화스런 생활을 하던 왕을 부러워했어요. 어느 날 디오니시우스 왕이 다모클레스에게 왕좌에 하루 동안만 앉아보라고 명령했지요. 다모클레스는 기꺼이 왕좌에 앉았지만 천장에 칼이 메달려 있는 것을 보고 깜짝 놀랍니다. 그 모습을 보고 디오니시우스 왕은 이렇게 말합니다.

"나는 항상 내 자리가 위태롭다는 것을 잊지 않기 위해 머리 위에 칼을 매달아 놓는다."

이후 다모클레스의 검 Sword of Damokles 이라는 말이 생겼습니다. 겉으로 안락하게 보이는 자리지만 늘 위기와 마주하고 있다는 의미로 이 말이 회자됩니다.

로마의 보이티우스^{Anicius Manlius Severinus Boetius}(477~524)는 "마음을 괴롭히는 불안을 쫓아낼 수도 없고 공포의 가시바늘을 피할 수도 없는 권세란 도대체 무엇이냐"라고 일갈한 적도 있습니다. 이처럼 권력은 무시무시합니다. 왕권이 융성할 때도 가끔 그 왕권 자체가 그들(권력자의 주변 세력)을 파멸시키고 왕권이 몰락하면 두말할 것도 없이 그들도 멸망하게 됩니다. 그런데도 왜 권력을 잡기 위해 저렇게 안간힘을 쓰는지 모르겠어요. 그들의 말로가 한결같이 불행한데도 말이죠.

로마 제국의 5대 황제인 네로(37~68)는 가장 가까웠고 자기 스승이기도 했던 세네카에게 자의로 죽기를 강요했어요. 또 궁정에서 오랫동안 위세를 떨치던 로마의 법률가 파피니아누스(146~219)는 안토니우스 황제의 명을 받은 친위병들의 칼에 의해 죽습니다. 그런데 희생된 두 사람은 아이러니하게도 권력에서 멀어지길 원했지만 모두 비극적 죽음을 맞고 말았어요.

세네카는 자기 전 재산을 네로에게 바치며 은퇴하길 원했으나 뜻대로 되지 않았어요. 권력은 이렇듯 그걸 소유한 사람과 주변 모두를 공포에 몰아넣습니다. 권력으로 나아간다면 이미 목숨을 내놓은 것이나 다름없고, 권력을 내려놓는다고 결심해도 마음대로 버려지는 것이 아닙니다. 왜 권력은 그 자신과 주변을 불행하게 만들까요?

불행의 이유를 권력의 속성으로 풀이할 수도 있겠지만, 그것도 실은 권력을 쥔 사람의 마음 때문입니다. 그 마음이 천지인의 조화와 거리가 멀기 때문이지요.

올바름을 판정하는 기준은 무엇입니까

서양의 관점에서 권력자의 '올바른 마음', '올바른 행동'이 무언지 좀 더 들여다봐요.

우연을 배제하고 올바른 마음에서 시작된 올바른 행위가 자신과 주변을 행복하게 만들고 혹은 행복을 얻게 한다는 주장이 플라톤의《국가Republic》에 담겨 있습니다. 행동의 본질이 영혼의 본질, 그리고 세계의 본질과 다 연결이 되어서, 이런 관계의 망을 인식하면 행복해진다는 주장입니다. 이론적으로는 플라톤의 주장이 타당해 보입니다.

그런데 소피스트Sophist들은 플라톤의 주장을 일축했지요. 올바른 행위(행동)이 오히려 이익을 주지 못하는 경우가 있다는 겁니다. 올바른 행동을 한답시고 선정을 베푼 것이 오히려 고통만 가져다준 경우가 많다는 거예요. 사실 좋은 행동의 결과가 반드시 행복을 보장해 주지 않는 경우도 종종 만나게 됩니다. 예를 들어 어떤 실수로 잘못을 저지른 자에게 예외적으로 처벌을 면하면 그로 인해 기존 사회질서나 규범이 와르르 무너질지 모릅니다. 따지고 보면 저마다 다 예외가 있기 때문이죠. 그래서 소피스트들은 이렇게 주장합니다. "이익을 얻지 못할 경우에는 올바른 행위를 해야 할 어떤 이유도 없다"고 말이죠. 듣기에 따라 아무것도 하지 말라는 뜻으로 해석이 됩니다.

소피스트와 플라톤의 이런 시각차를 칸트는 이렇게 정리합니다. 올바른 행위를 해야 하는 까닭은 이익 때문이 아니라는 겁니다. 올바른 행위를 해야 하는 까닭은 그 행위가 올바르기 때문이며 그 행위가 가져다줄 유불리를 따지지 말아야 한다는 것이죠.[1]

왜냐하면 칸트에게 인간은 '목적 그 자체'이기 때문입니다. 칸트의 그 유명한 '정언명령定言命令'이 있지요. 그것은 '네 의지의 준칙이 항상 준칙인 동시에 보편적인 입법 원리가 될 수 있도록 행동하라'고 명령합니다. 쉽게 말하자면 '당신이 하고자 꾀하고 있는 것이 동시에 누구에게나 통용될 수 있도록 행하라'입니다. 또는 '남에게 사랑받고 싶은 대로 너도 남을 사랑하라'는 성경 구절의 의미를 떠올려보면 됩니다.

칸트에게 인간은 도덕상에서 자주적인 존재입니다. 행위의 결과에 구애됨이 없이 행위 그것 자체가 선善이기 때문에 무조건 그 수행이 요구되는 도덕적 명령을 따라야 한다는 주장입니다.

---

1   최용철,《윤리란 무엇이가 묻고 생각한다》, 간디서원, 2012.

#　하늘의 눈에는 모두가 평등합니다

한국외대 유재원 교수가 쓴 《데모크라티아》를 보면, 고대 그리스인들은 처음엔 폭군의 정치에 만족하고 고마워했다고 합니다. 국내 정치에 있어 폭군들은 기득권층 귀족과 싸워야 했기에 겉으로는 핍박받는 민중을 위하는 척했지만, 궁극적으로 추구하는 것은 자기 개인의 권력과 축재와 쾌락이었기에 공익 따위는 거들떠보지도 않았다고 합니다. 예컨대 폭군은 남들에게 허례허식을 금하면서 자신은 사치에 빠져 개인 이익에 집착했던 것이지요.

아리스토텔레스뿐만 아니라 고대 그리스인들은 폭군정에 대해 비판적입니다. 설사 폭군정이 폴리스의 위기에서 유일한 해결 방법이었던 경우 역시 마찬가지입니다. 어떤 기록에도 폭군 독재자를 변호하거나 두둔하는 일은 없었다고 합니다.

그런 전통을 이어받은 유럽 서구사회는, 독재자가 자국의 발전을 꾀했다고 해도, 예컨대 이탈리아의 무솔리니나 독일의 히틀러가 제1차 세계대전 후 암울했던 조국을 부흥시키고 강국으로 발돋움하는 데 공헌을 했어도, 또 스페인의 프랑코 총독이 오랜 독재 정치 동안 나라를 안정시키고 발전시켰어도 그들을 독재자로 평가되고 기억할 뿐이었어요.[2]

2　유재원, 《데모크라티아》, 한겨레출판, 2017.

서구의 역사기록은 왜 전쟁과 범죄의 역사로 점철될까요?

로마의 역사학자 타키투스^{Publius Cornelius Tacitus}(55~117)는 선사시대 인류의 조상은 '그들의 본성을 고무함으로써 죄와 범죄 없이, 따라서 형벌이나 강제도 없이' 사는 존재로 묘사했어요. 하지만 이후 아주 오랜 세월 동안 서로가 서로를 죽이는 전쟁과 범죄가 있어왔음을 역사기록으로 남기고 있어요.

범죄는 고대 이집트인들에게 일상의 한 부분이었다고 기록도 있어요. 기원전 2180년경 고古 왕국이 붕괴했을 때 뒤따른 범죄와 폭력의 혼돈에 대해 한 현자賢者는 이렇게 말했다고 합니다.

> "범법자들의 천지다. 어제의 인간은 없다. 밭 갈러 나갈 때도 방패를 들고 나간다. 사람들은 자기 어머니의 아들인 형제도 공격한다. 남자들은 어수룩한 여행자가 올 때까지 덤불 속에 숨어 있다. 그의 짐을 강탈하려는 것이다."[3]

《펠로폰네소스 전쟁사》를 쓴 그리스의 역사가 투키디데스^{Thukydides}(B.C. 460(?)~B.C. 400)는 기원전 1600년경 크레타의 전설적인 왕 미노스가 바다를 장악하기 전까지 해적과 강도질이 1000년 이상 지중해에서 심각한

---

[3] 스티브 테일러(우태영 譯), 《자아폭발》, 다른세상, 2011.

문제였다고 기술하고 있습니다. 어쩌면 무기를 차고 다니는 패션은 오래된 약탈적인 습관의 유물인지 모릅니다.

20세기의 위대한 역사가 토인비 ^Arnold Joseph Toynbee (1885~1975)는 《역사의 연구》를 통해 다른 문명을 침략해 성공한 인간들이 보이는 심리 경향을 이렇게 설명했습니다.

다른 문명의 침략에 성공한 문명을 대표하는 인간들은, 스스로가 다른 사람들과는 다른 것을 신에 감사하는, 바리새인의 오만에 빠지는 경향이 강하다. 지배자들은 정복된 사람들을 인간 이하의 '싸움에 져 꼬리 내린 개'로 내려다보기 쉬운데, 결국 '이긴 개'와 같은 짓을 하여 개 자리로 내려 가는 것이다. 인간의 혼은 모두 창조자인 신의 눈으로 보면 평등한 것이므로 동류同類인 인간으로부터 인간성을 뺏으려는 인간이 도달하게 되는 유일한 결과는, 그 자신의 인간성을 상실하는 것이다.

\#   동양 사람들은 서양과 어떻게 달랐을까요

동양의 사고는 서양과 달랐어요. 자연과 인간이 조화를 이루는 것을 올바른 삶이라고 여겼어요. 임금 왕王 자를 보세요. 천지인의 석 삼三 자를 수직으로 이으니까 왕王이 되었어요. 이것이 동양의 리더, 왕의 본래 의미예요. 아무나 왕이 되는 것이 아니라 천天, 하늘의 힘과 지地, 땅의 힘 거기에 인人, 인간의 힘까지 아우를 수 있는 사람만이 왕이 되고 리더가 될 수 있다는 뜻이지요.

고대 중국에서 이상적 통치자의 모습은 성인聖人이었습니다. 좀 더 구체적으로는 내성외왕內聖外王(안으로는 성인이면서 밖으로는 군주)으로 개념화하였지요. 성인의 성聖자는 '耳(귀)+呈(드러내다)'으로 이뤄져 있는데, 성인은 귀(들음)를 중시한 존재임을 알 수 있습니다. 무언가를 듣는다는 경청敬聽의 의미는 서로 공감共感한다는 의미를 내포합니다.[4] 자연과 하나가 되는 나, 즉 물아일체物我一體를 지향합니다.[5]

조선시대 대표적인 언로言路가 상소입니다. 조선 왕조 500년 동안 조정에 올려진 상소는 수만 건에 이릅니다. 상소 제도를 통해 왕에게 쓴소리도 마다하지 않는 선비의 기상도 알 수 있고, 당대 백성의 애환도 알 수 있지만 무엇보다 위정자에 대한 신뢰도 느낄 수 있습니다. 위정자의 소명의식을 신뢰했기에 자기 목숨을 내놓고 진언眞言할 수 있었던 것이지요. 때로 사사로운 정쟁에 사로잡혀 올린 상소라고 해도 임금은 소홀히 여기

---

4 공자는 이를 이순耳順이라고 하였습니다. 예순의 나이를 '귀가 순해지는' 나이로 바라보았습니다. 귀가 순해진다는 것은 나를 둘러싼 이웃과 사회, 자연이 서로 갈등하고 싸우는 것이 아니라 공감하며 조화를 이룬다는 의미와 상통합니다.

5 배병삼, 《논어, 사람의 길을 열다》, 사계절, 2005.

지 않고 일일이 경청했음이 분명합니다. 송시열宋時烈(1607~1689)이 효종에게 상소문을 올리자 효종孝宗(1619~1659ㆍ재위 1649~1659)이 읽고 다음과 같이 답했다고 합니다.

"상소문에 있는 말들은 모두가 충심에서 우러나왔다. 과인이 비록 민첩하지 못하지만 감히 띠에 써 두고 새기지 않을 수 있겠는가. 특히 작은 책 속의 말들은 정말 나를 아끼는 충심에서 나온 것인데, 어찌 마음에 감동되지 않겠는가. 이 한 통의 상소는 늠름하고 정대하여 옛날 성인의 말과 서로 표리表裏를 이룰 만하다. 이것이 내가 정성을 쏟아가며 잊지 못하고 낮이나 밤이나 조정으로 나오게 하려는 뜻이다. 모름지기 나의 지극한 정성을 체득하여 조용히 올라오도록 하라."[6]

효종이 신하를 얼마나 귀하게 여기는지 알 수 있습니다. 그런데 오늘날은 어때요? 땅만 지배해도 되는 줄 알고, 땅과 그 땅에 사는 사람들의 마음만 사면 된다고 생각해요. 인간의 마음을 현혹시켜 표를 많이 얻으면 리더가 될 수 있는 세상이잖아요. 굳이 하늘이 돕지 않아도, 대부분의 정치인은 인심人心, 즉 투표자의 마음票心만 잡으면 대권을 쥘 수 있다고 여깁니다. '국민이 원하는 것은 무엇이든 해줘라'는 뜻의 인기영합주의 혹은 표

---

6 구자청,《상소문을 읽으면 조선이 보인다》, 역사공간, 2013.

票퓰리즘이 그렇게 해서 생긴 말입니다.

임금 왕王 자에서 하늘을 의미하는 걸 걷어내면 흙 토土만 남아요. 그러니까 흙, 땅과 사람만을 지배해서 리더가 된 자는 진정한 왕이 아니라는 이야기죠. 이제 하늘의 의미까지 알게 되면 여러분은 각자가 왕이 될 수 있습니다.

천, 지, 인 모두를 포함하는 원형

세상의 힘이라는 건 사실 무척 간단합니다. 하늘의 힘, 땅의 힘, 인간의 힘이 어우러지는 삼재사상, 그게 삼태극三太極 사상이에요. 하늘과 땅만 있는 것은 태극太極이에요. 하늘의 양과 땅의 음이 합쳐진 것이지요. 삼태극은 천지인, 하늘과 땅에 사람이 들어간 거예요. 보세요. 태극기의 태극과 삼태극은 다르지요? 우리는 이 삼태극 사상을 기반에 두고 88서울올림픽의 엠블럼도 만들었어요.

'태극太極'에 대해서 우리의 국기처럼 일반적으로 음과 양이 어우러진 태극, 곧 음양陰陽 태극을 주로 떠올립니다. 그런데 음양태극 대신 흔히 '삼태극三太極' 혹은 '삼원태극三元太極'이라고 불리는 문양도 많이 사용되고 있습니다.

한 · 중 · 일의 경우 사용되는 태극의 모양이 조금씩 다르다고 해요. 예

▲ 삼태극
▶ 서울올림픽 로고

SEOUL1988

를 들어 전통 북鼓의 표면에는 '태극'이 장식되어 있는데, 중국의 전통
북에는 음양태극이 그려져 있고, 한국과 일본의 북에는 삼태극, 삼원태극
이 그려져 있지요.

중국의 상고·주·춘추·전국 시대에 이르는 옛 유물이나 악기에는 삼태극
도형이 대단히 많이 보이는 데 반해서 음양태극은 거의 보이지 않습니다.
그럼, 중국에서는 언제부터 삼태극이 음양태극으로 바뀐 것일까요?

고대 동양에서 태극이란 삼태극을 의미했다고 합니다.《한서漢書》[7],《율력지》에는 "태극 원기는 셋을 함유하면서 하나가 된다太極元氣三"는 삼태극 관념이 보이고, 이것은 한나라와 위·촉·오 삼국시대 그리고 당나라 시대까지도 보편적인 태극 이해의 방식이었어요.

그러나 태극을 삼태극으로 이해하던 관념은, 송대宋代에 성리학이 일어나면서 음양 2기氣만을 포함하는 음양태극 관념으로 변화되었다고 알려져 있습니다. 음양론에 오행론을 결합한 주렴계의 태극도설太極圖說이, 성리학의 집대성자인 주자에 의해서 유가儒家의 우주론으로 채택되면서 음양 2기만을 함유한 음양태극 관념이 유가 계열의 주류를 이루게 된 것이죠. 이런 음양 2기를 함유한 음양태극 관념은 이기론理氣論과 맞물리면서 유가의 우주관의 일부로 자리잡게 되었다고 합니다.

반면 삼태극 관념은 이미 오래전부터 이어져 내려온 동북방 샤머니즘의 3분화 세계관의 산물입니다.[8]

7　《한서》에는 B.C. 206년에서 A.D. 23년까지 한고조(漢高祖) 유방(劉邦)부터 왕망(王莽)의 난(亂)에 이르는 12대(代) 229년의 기록이 적혀 있습니다.

8　우실하, 〈최초의 태극관념은 음양태극이 아니라 삼태극/삼원태극이었다〉,《동양사회사상》, 2003.

인간만이 미소로 한 편의 시를 짓습니다

시 한 편을 예로 들어볼게요. 김상용의 시 〈남南으로 창을 내 겠소〉입니다.

남으로 창을 내겠소
밭이 한참가리
괭이로 파고
호미론 풀을 매지요

구름이 꼬인다 갈리 있오
새 노래는 공으로 드르랴오
강냉이가 익걸랑
함께 와 자셔도 좋소
왜 사냐건 웃지요

시집 《망향》(1937) 중에서

이 시를 자세히 들여다보면 처음에는 땅, 다음에는 하늘, 그리고 마지막 에는 사람으로 천지인 삼재사상의 삼태극 도형처럼 되어 있다는 것을 알게 됩니다. 마지막 행 '왜 사냐건 웃지요'는 사람만이 할 수 있는 '물음'과 '미소'를 담고 있습니다. 인류의 창조물 가운데 사람만이 '왜?'라는 질문과 미소를 갖고 서로 공감하며 소통합니다. 그러나 '왜?'라는 물음을 말로, 논리로 답하려고 할 때 이미 그 삶은 삶 자체의 빛을 잃고 생명의 선혈은 싸늘하게 굳어버립니다.

시인도 그것을 잘 알고 있었기 때문에 말 대신 그냥 웃었습니다. 석가의 미소와 마찬가지라고 할 수 있어요. 불교에서는 그것을 염화시중拈華示衆이라 하고, 기호학에서는 폴리세믹Polysemic(복합적이고 암시적인 다多기호체계)이라고 합니다. 설명할 수 있는 것을 설명하는 것은 과학입니다. 반면 설명해서는 안 되는 것을 설명하는 것을 우리는 종교라고 합니다. 그리고 설명할 수 없는 것을 설명하는 것이 시(예술)이시요.

2장 하늘에서 바라본 세상에는 경계가 없습니다

\#   국경의 오만 너머에 세계가 있었습니다

내가 음양태극, 삼태극, 천지인 이야기를 한다고 해서 서양 학문을 무시하고 배우지 말라는 것이 아닙니다. 서양 학문에 우리 천지인 사상을 결합해 이야기할 수 있을 때, 21세기에 우리가 동과 서를 합쳐서, 서양에서도 리더가 될 수 있고 동양에서도 리더가 될 수 있는 글로벌 리더가 되는 것입니다.

글로벌이라는 걸 우리나라 말로 하면 뭘까요. 세계? 지구촌? 아니요. 천하天下입니다. 천하통일 할 때의 그 천하. 옛날에 중국은 중국이 세계의 전부인 줄 알았어요. 그래서 중국을 통일해놓고 '천하통일 했다'고 그랬어요. 요즘 보면 미국과 중국이 참 비슷해요. 미국 프로야구 메이저리그의 월드 시리즈^{the World Series}는 모든 세계인이 겨루는 대회가 아니에요. 미국 동부 해안가의 사람들과 서부 해안가의 사람들이 경기하는 걸 놓고 월드 시리즈라고 하는 거죠.

중국 유교 경전 중에 《대학大學》이 있어요. 거기에 보면 중국이 천하통일 한다는 말이 나오는데, 수신修身 - 몸을 닦고, 제가齊家 - 집안을 가지런히 하고, 치국治國 - 나라를 다스린다니까, 자 여기서 나라까지 왔지요? 그다음이 평천하平天下, 천하를 평정하는 거죠. 중국 전역을 통일하면 그게 평천하, 중국인들은 중국 대륙이 지구 전체인 줄 알았던 거예요. 미국 사람들도 마찬가지죠. 신천지를 만들어서 그게 월드(세계)인 줄 알았어요. 그러니까 '뉴 월드', 신세계 교향곡이 있잖아요.

한국 사람들민은 오래 외침外侵을 당했기에 한국이 천하가 아니라는 설 알았어요. 그러니까 진짜 천하의 존재를 한국인만이 안 거예요. 중국 사람들은 천하를 몰라요. 중국 대륙을 다 제패하고 나서 이게 천하인 줄 알았는데 글로벌리즘이 생기니 중국도 세계의 한 부분에 불과한 겁니다. 특히 인공위성을 띄워놓고 하늘에서 보면 말이죠. ▶전쟁과 외침

전쟁과 외침

여기서 잠깐! '전쟁'과 '외침'에 대해 한번 알아볼까요?

국제법의 아버지라고 불리는 네덜란드의 법학자 그로티우스^{Hugo Grotius}는 "전쟁

은 힘^{Force}을 통해 투쟁하는 상태 "라고 정의합니다. 주권국가와 정부들 간에 행해지는 무장 적대 행위의 상태^{A state of armed hostility}라고 설명합니다. 한마디로 힘을 통한 싸움 내지 투쟁입니다.

우리나라 역사상 이민족의 침입 또는 전쟁은 몇 회나 될까요? 외침 횟수에 대한 글들을 간추려 보면 이렇습니다.

1957년에 간행된《국난사 개관》에는 '한호왜양漢胡倭洋' 등 주변 나라들에게 무려 280여 차례나 국난의 참변을 당했다고 기술하고 있습니다. 유봉영劉鳳榮은 "이민족의 침해를 대륙 방면에서 438회(위씨 조선 멸망까지 11회, 삼국시대 110회, 고려 125회, 조선 192회), 해양 방면에서 493회(삼국시대 33회, 고려 292회, 조선 168회)로 총 931회나 된다"고 하였습니다. (유봉영,〈외구外寇와 감결소위鑑訣所謂 십승지지十勝之地〉,《백산학보》, 1970.)

유봉영은 931회를 외침으로 산정하는데 삼국사기, 고려사, 고려사절요, 조선왕조실록, 조선사, 동국전란사, 사기, 후한서 등을 활용했다고 밝혔습니다.

신형식申瀅植은《한국고대사의 신연구》(1986)에서 우리나라 고대의 각 국가와 민족 간의 전쟁 횟수를 분석하면서 우리나라가 대륙 방면의 이민족과 180여 회나 충돌한 것으로 기술하였어요. 유봉영이 계상한 110회(삼국시대 B.C. 57~935)보다 무려 70여 회나 많습니다. (참고: 최병옥,〈한국의 역대 대외 전쟁에 대한 인식: '외침'과 '전쟁'의 개념을 중심으로〉,《군사軍史》, 1992년 12월.)

마음의 눈을 뜨면, 저 너머가 보입니다

그러니 제가 여러분을 데리고 하늘로 가려고 하는 게 대단한 이야기이지요. 중국이 대국大國이라고, 미국에서 월드 시리즈 한다고 주눅 들지 마세요. 하늘에서 내려다보면 나라 간의 경계선도 없고 높고 낮은 것도 없어요. 아무리 큰 빌딩도, 아무리 큰 나라도 위에서 보면 '반짝반짝 작은 별'의 일부에 불과합니다. 집의 울타리, 마을의 경계와 행정구역, 나라의 국경도 보이지 않습니다.

하늘에서 천천히 내려다보세요. 그러면 지구가 보일 겁니다. 더 내려오면 동양과 서양을 구별 짓는 반구半球가 보일 거예요. 또 내려오면 아시아가 보이고 거기시 더 내려오면 중국, 한국, 일본이 보입니다. 우리가 매일 보는 기상도를 떠올려보세요. 거기서 더 내려오면 자기가 살고 있는 도시, 나는 서울이 보입니다. 여러분은 여러분이 발 딛고 선 곳이 보일 테지요? 더 내려오면 무슨 구區, 혹은 읍邑·면面·동洞…. 자기가 사는 동네가 보여요. 그리고 거기서 더 내려오면 내가 사는 집, 우리 식구, 그중 누군가의 얼굴이 보여요. 거기서 더 가면 그 누군가의 눈동자가 있어요. 저 우주로부터 계속 내려가서 마지막으로 도착하는 곳은 우리의 눈동자입니다. 거꾸로 눈동자로부터 번져 가면 저 하늘 은하수까지 가요.

참 기분 좋은 상상 아닙니까? 실제로 여러분이 우주로 가려면 로켓을 타야 하는데 못 가죠. 그런데 상상력으로는 얼마든지 갈 수 있어요. 지금 여러분은 저와 함께 은하수에 떠 있는 겁니다. 하늘의 은하수에서 지구를 내려다본다…. 이것이 시고, 문학이고, 상상력이에요.

시인들이 매일 가난해도 불행하지 않은 것은 없어도 상상력 속에서 별게 다 되는 사람들이기 때문이에요. 날개 달고 하늘을 나는 것도 가능하죠. 우리가 시를 배우는 것은 바로 이 상상력을 배우는 것입니다. ▶아픔의 경험 그런데 시인의 상상력은 어디서 나오는 것일까요? 하늘에서 뚝 떨어지는 것일까요? 열심히 신에게 청하면 주어지는 것일까요?

사막에서 살아가려면 물을 밖에서 구하려 해서는 안 됩니다. 낙타처럼 혹은 선인장처럼 자신의 몸속에 수분을 저장해 두어야 하죠. 자신의 갈증을 자신의 체액으로 적셔주는 외로운 그 작업에 익숙해야 합니다. 그러기 때문에 사막에서 자라는 생물들은 타자로부터 아무것도 기대하지 않으며 아무런 보상도 받으려 하지 않습니다. 이 단절이 오히려 그들의 내면을 풍요롭게 만듭니다.

그럼, 낙타는 무슨 꿈을 꿀까요? 열사의 모래밭을 지날 때 속눈썹이 긴 낙타는 결코 하늘을 쳐다보는 일이 없습니다. 낙타의 꿈은 그의 등 위에 달린 혹 속에 있어요. 자신이 키워온 그 혹이 자신의 하늘인 것입니다. 거기에서 구름이 흐르고 거기에서 비가 내립니다. 거기에서 상상력이 무르익습니다. 거기에서 시가 나오고 소설이 나옵니다.

모든 풀과 나무는 외계로 향한 창을 가지고 있습니다. 그것이 바로 이파리입니다. 그러나 선인장의 경우에만은 그 존재의 눈꺼풀이 자신의 내부로만 열립니다. 다른 식물과는 정반대로 외부의 이파리는 가시로 굳어져 있고 그 내부는 솜처럼 부드럽죠. 그 안에서 별이 뜨고 강이 흐릅니다.

나는 현대 문명 속의 인간이지만, 글을 쓰기 위해 낙타의 혹과 선인장의 언어를 지닌 채 살아왔습니다. 모세의 바위처럼 기적의 지팡이로 두드리기 전에는 모든 수분을 암석 안에 간직해 두어야 합니다. 낙타와 선인장의 언어 없이는 빌딩과 아스팔트와 비닐의 모래밭을 건널 수 없습니다. 그러므로 나는 자신의 상상력 속에서 사막의 도시를 걷습니다. 육체를 따뜻하게 하는 태양은 외계의 하늘에만 있는 것이 아닙니다. 체내에서 흐르는 붉은 혈구 역시 우리의 육체를 비추는 작은 태양입니다. 우리의 피는 액체화된 태양이며 액체화된 일광입니다. 그리고 그것은 동시에 강입니다. 심장의 샘에서 솟아나 혈관의 강을 흐릅니다. 정맥 속에서 ㄱ 상불은 비가 되어 내리고 다시 대지의 샘으로 돌아옵니다. 우리들 자신의 내부에도 이렇게 우주가 있습니다. 태양이 있고 강이 있으며 비가 내리고 있습니다.

우리가 꿈꾸는 상상력이 있다면 사막의 도시를 신화의 도시로 만들 수 있습니다. 사람들은 허황된 몽상이라고 비웃을지 모르지만 그런 사람은 절대 시인이 될 수 없습니다. 그런 사람은 프로메테우스의 언어('불'의 언어, 반항의 언어), 헤르메스의 언어(모순의 강을 건너뛰는 '다리'의 언어), 오르페우스의 언어(상충相衝을 하나로 묶는 결합의 언어)를 절대 이해할 수 없습니다.

그런 사람은 결국 불행에 빠질 수밖에 없습니다.[1]

아픔의 경험

상상력은 그냥 생겨나는 게 아닙니다. 확산적 사고 Divergent Thinking 는 자신의 경험에서 시작됩니다. 경험이 없는 상상력은 위험하거나 빈약할 수 있어요. 상상력은 경험을 통해 성장합니다. 직업선택 이론 중에 '포섭이론'이란 게 있습니다. 이 이론은, 아이는 자기가 본 직업(가족이나 미디어를 통해 접했거나 보고 들은 직업)을 평생 직업으로 자연스레 택한다는 내용을 담고 있어요. 물론 직업에 귀천貴賤이 없지만 늘 가까이에서 접하는 직업이 배관 수리공, 애견 미용사, 병아리 감별사라면 아이의 장래 직업도 그 범주를 못 넘는다는 겁니다.

경험에 '포섭'되지 않기 위해서는 경험 속 '숨겨진 경이'를 발견해야 합니다. 고난 속에서도 꿈을 잃지 않아야 합니다. 프루스트는 《잃어버린 시간을 찾아서》에서 "인간은 극대화된 고난을 경험함으로써 비로소 고난이라는 상황을 극복할 수 있다"고 말합니다. 그렇습니다. 고난은 어떤 형식으로든 '가치있는 고난'이 아닐까요? 고난을 대하는 자세가 자신을 바꿉니다. 사람은 누구나 인생에서 고비를 겪게 됩니다. 고비가 없다면 자신을 뒤돌아볼 수 없습니다. 고비를 이겨내는 과정에서 자신의 새로운 존재가치와 사명을 발견하게 됩니다. 그런 자만이 성취를

---

1   이어령,《지성의 오솔길》, 문학사상사, 2004.

이룰 수 있지 않을까요?

일본 전후戰後의 대표적인 지식인인 후지타 쇼조藤田省三(1927~2003)는 《전체주의의 시대경험》이란 저서에서 '불량정신의 찬란함'을 외쳤습니다. 그에게 경험이란 대량생산품과 같이 미리 정해진 틀에 따라 일방적으로 만들어지는 것이 아닙니다. "사물과의 만남을 통해 사물의 저항을 받으면서 그것과 상호교섭을 하는 것이라는 점에서, 규칙으로 정해진 고정 질서의 궤도로부터 벗어난 '예기치 못한 일'에 직면하여 '숨겨진 경이'를 발견하는 것이 바로 경험의 정신적 내용"이라고 하였어요.

모든 경험은 어떤 의미에서는 '불량경험'이나 다름없습니다. 다양한 꿈, 큰 꿈을 꾸기 위해서는 동경하는 세상이 있어야 합니다. 그런 세상을 꿈꾸려면 먼저 경험을 통해 그런 세상을 엿봐야 해요. 경험할 수 없다면 책을 통해서, 가까운 벗과 학교 선생님을 통해서 간접 체험할 수도 있지요. 물론 그 경험이 누구에게나 신기하고 즐거운 것만은 아닙니다. 시련을 주고 고통과 좌절을 안겨 '불량경험'으로 느껴지기도 합니다. 그러나 그런 과정을 겪으며 성장합니다. 그래서 인간은 평생 '성장통'을 가지고 살아갑니다.

\#   우리는 얼마나 더 잃어버릴 수 있을까요

《공자가어》,《여씨춘추》 등의 책에는 〈형나라 사람이 활을 잃
어버린 이야기〉가 등장합니다.

> 형인荊人이 활을 잃고도 활을 찾으려 하지 않았다. 그리고 말하기를, '형나
> 라 사람이 잃은 것을 형나라 사람이 주울 것이니 찾아서 뭣하겠는가?' 공자
> 가 그 말을 듣고 '형荊을 빼는 것이 옳다'고 하자 노자가 그 말을 듣고 '사람
> 인人자도 빼는 것이 옳다'라고 했다.
>
> 荊人有遺弓者而不肯索, 曰, 荊人遺之荊人得之, 又何索焉, 孔子聞之曰, 去其荊
> 而可矣. 老聃聞之曰, 去其人而可矣. 故老聃則至公矣.
>
> 〈형인유궁荊人遺弓〉,《여씨춘추呂氏春秋》 중에서

"아니, 여보시오. 그 비싼 활을 잃어버렸는데, 왜 그걸 찾아보지도 않고 그
냥 내려옵니까."

그러자 이 사람이 하는 말이 이랬다는 거예요.

"형나라 사람이 잃어버린 활을 형나라 사람이 주울 텐데, 그거 내가 안 찾아도 그만입니다."

보통 사람이 아니죠. 자기가 형나라 사람 전체만큼 커졌어요. 이런 사람에게 왕을 시키면 좋아요. 이 사람이 바로 나라를 다 가진 사람입니다. 자신이 그 나라가 된 거예요. 우리는 아주 조그만 습득물을 주워도 신고하는데 이 사람은 "아니야, 그거 너 가져. 잃어버렸고 한국 사람이 주웠는데 내가 잃은 게 뭐가 있어, 내가 한국 사람 되면 되지"라고 말하는 경지잖아요. 그 이야기를 들은 공자께서 이렇게 말씀하십니다.

"이이고, 그 사람도 소인小人이다. 이왕이면 형荊 자를 떼고 말하지 그랬냐."

형나라 사람, 형인에서 형 자를 떼면 인人만 남지요. 사람이 잃은 거, 또다른 사람이 얻을 텐데 군이 내가 찾을 게 뭐가 있냐의 경지로 커집니다. 국가의 경계가 없어지고 사람만 남아요.

"대~ 한민국!"에서 '한국'을 빼볼까요

      우리가 축구 경기만 하더라도 막 "대~ 한민국!"을 외쳐요. 나라 이름을 외치고 나라를 기반으로 한 응원을 하죠. 사실 축구 경기에서 선수가 한 골 넣어봐야 내가 행복해지는 것도 돈이 생기는 것도 아닌데 기뻐 날뛰다가, 한 골 먹었다고 또 그냥 땅을 치고 분해하잖아요. 그런데 공자님은 말합니다. 이렇게.

"아이고, '한국'을 빼봐라. 사람이 넣고 사람이 잃은 거 박수 칠 일도 분할 일도 없다."

더 큰 것을 가진 군자는 그런 일희일비一喜一悲하는 승부를 가지고 다투지 않는다는 거죠. 보통의 사람에게는 어려운 일이지만.
이런 게 휴머니즘입니다. 영화에 보면 많이 나오는 이야기예요. 어떤 간호사가 있습니다. 자기 어머니는 유대인이라 나치에 의해 죽었어요. 그런데 나치 장교 하나가 피를 흘리며 병원에 와요. 이걸 살려야 합니까 죽여야 합니까?
살리려면 '나라'라는 개념을 빼야 합니다. 만약 이 간호사가 나치 장교를 살렸다면 이미 이 여자는 땅에 있지 않고 하늘에 올라가 있는 겁니다.
그렇지 않으면 나라, 자기 식구, 내 자식이 보여요. 내 자식에서 다시 나의 나라가 보입니다. 그다음에 다시 잘 올라가 봐야 글로벌인데, 다들 글로벌에서 더 큰 곳으로 나가는 것에 실패합니다. 그동안 모든 사람이 글로벌, 세계화, 국제화하면서 TV에서 유행처럼 지구촌을 이야기했지만 도대체 뭐가 글로벌이고 지구는 하나라는 말입니까? 도처에서 국가 간 분쟁이 일어나고 민족들끼리 서로 저항을 하고 있는데.

우리나라만 해도 벌써 다문화 가정이 얼마나 많아요. 이주노동자는 몇 만이고요.[2] 한국 땅에서 한민족만 가지고는 못 삽니다. 그런데 아무 준비가 안 되어 있어요. 지구촌이라고 말했지만 가짜라는 거죠. 이렇게 보면 여러분의 가치관이 막 흔들리는 겁니다.

국가라는 생각, 인류라는 생각

내 앞에서 나치 장교가 피를 흘리고 죽어가고 있다고 칩시다. 내가 사람을 살려야 하는 의사인데 사람이 죽어가고 있어요. 그런데 그

---

2   2022년 6월 현재 법무부의 출입국 · 외국인정책 통계를 보면, 한국에 체류 중인 외국인은 205만 6000여 명입니다. 이 가운데 미등록 이주노동자가 무려 39만 4000여 명이 되는 것으로 알려지고 있습니다. 즉, 체류 외국인 5명 중 1명꼴인 셈이지요. 2021년 기준으로 국내 전체 임금 근로자(2099만 2000여 명) 가운데 외국인(81만 1000여 명)은 3.8%에 이르는 것으로 집계됐습니다.

내가 독일, 프랑스, 영국인이라는 의식이 있으면 그 사람을 살리는 게 아니라 거꾸로 죽여요. 내 나라의 원수라고 해서 죽이지 않겠어요?

그러나 공자님의 도덕은 국가주의가 아니라 인간주의입니다. 휴머니즘이에요. "진리를 깨달으면 그 자리에서 죽어도 좋다 朝聞道 夕死可矣"고 하셨지요. 공자님 말씀에 "군자란 남에게 베풀 것(덕)을 생각하고 소인은 땅마지기(이익)를 생각하며, 군자는 제 잘못을 생각하고 소인은 남을 탓하니라 君子懷德 小人懷土 君子懷刑 小人懷惠"고 하셨죠. 군자와 소인의 길 중에서 군자의 길을 가야 한다고 권하셨어요. 심지어 "군자란 말은 더듬거려도 실천은 민첩하게 해내려는 존재 欲訥於言 而敏於行"라고 《논어論語》에서 말씀하셨습니다. 다시 말해 군자는 휴머니즘을 과묵하게 실천하는 사람으로 바라봤어요.

그러니 보세요. 자신과 형인을 동일시한 국가주의라고 하는 것만도 대단한 것 같았는데, 그게 아니지요. 일본이 우리를 삼키고 일본인이 한국에 와서 나쁜 짓을 한 것은 국가와 자신을 동일시한 것입니다. 사람 대 사람이라면, 어떻게 사람이 사람한테 그런 짓을 하겠어요. 국가주의이기 때문에, 내가 국가라는 생각을 하기 때문에 한국인을 일본인이, 식민지니까 죽여도 된다는 생각을 하는 것이지 사람이 사람을 어떻게 죽여요.

지금까지 우리가 배운 것은 국가주의, 민족주의밖에 없어요. 그걸로 이 글로벌한 세상에서 어떻게 살겠어요. 그러니까 여러분의 가치관은 흔들려야 하는 것입니다. 대한민국을 외치면서 "국가와 민족을 사랑하라!"고 배웠는데 그걸 공자님이 "떼라, 국가를 없애봐"라고 말씀하고 계시는 거예요. 이건 정말 차원이 다른 이야기죠.

그런데 노자는 그 공자님을 두고도 소인이라고 이야기합니다.

"에고 인人 자도 지워버리지…."

그러면 뭐가 됩니까? 짐승, 자연, 바람. 천하의 글로벌이 되는 거죠. 지금 우리는 환경을 파괴시키고 기후 온난화를 일으키는 석유를 캐내며 살아요. 지구에 인간만이 산다는 사고방식입니다. 그런데 거기서 인人을 빼면 대자연만이 남아요. 그게 노자의 사상입니다.

한국인은 어디까지 와 있을까요

     우리나라 사상을 보면 제일 밑에 가족주의가 있어요. 자기 선조를 조상신으로 믿고 제사를 지내면서 우리 선조와 족보를 들먹이며 으스대죠.

그다음에 나라를 믿는 국가주의가 있어요. 그다음이 인간주의. 거기서 더 나아가면 지렁이 울음소리를 듣고 하찮은 돌멩이도 끌어안는 높은 차원에서 사람도 안 보이고, 동네도, 나라도 안 보이는 별 하나가 보입니다. 그 별과 별이 만나는 그 높이까지 올라갈 수 있을까요? 사람인데.

세상 무엇과도 바꿀 수 없이 내 새끼를 끌어안는 것이 인간인데, 가족을 희생시켜가며 나라에 내 자식을 바칠 수 있을까요? 드물긴 하지만 그런 사람들이 있습니다. 그런 사람들이 여태까지 자기 자식을 나라에 바치고서 "나는 인간으로서 가족을 벗어날 수 있는 가치를 가졌다, 국가를 위해 희생했다"라는 자부심을 가지는 겁니다.

그런데 느닷없이 공자님이 나타나서 "나라는 좀 빼라"고 하는 거예요. 그래서 또 나라를 빼고 인간으로서 적십자나 '국경 없는 의사회' 같은 조직에 소속되어 내 국가와는 전혀 상관없는 아프리카 오지 같은 곳에 가서 인간을 위해 봉사를 합니다.

이번엔 노자가 와서 "야, 그 사람도 빼라"고 해요. 그게 쉬운 일이 아니죠. 그래서 이제 물어보는 겁니다. 우리는 어디까지 왔을까요? 범인凡人의 가족주의에서 형인荊人의 국가주의, 공자의 인간주의, 노자의 무위자연▶ 무위자연의 의미 중에서 우리는 어디까지 와 있습니까?

아직까지는 자기 집 문밖 앞까지도 못 나온 것 같아요. 내가 생각하는 것과 여러분이 생각하는 정도가 다를 수 있겠지요? 그래도 아직 갈 길이 멀지요?

무위자연의 의미

노자의 《도덕경》 사상은 한 마디로 무위자연 無爲自然입니다. 이걸 한 글자로 줄이면 도道가 되죠. 무위란 도道입니다. 《도덕경》에서는 처음부터 끝까지 무위, 즉 도를 밝히는 이야기가 담겨 있습니다. 도는 깊고 고요한 모습으로 만물 중 가장 뛰어나며 마치 깊은 물 속 같습니다.

또한 도란 볼 수 없고, 들을 수 없으며, 냄새가 없고 모습도 없으므로 사실상 이름을 붙일 수 없습니다. 어쩌면 흐르는 물과 같을지 모릅니다. 천하에 유약하기는 물보다 더한 것이 없지만 단단하고 강한 것을 치는 데는 물보다 더 나은 것이 없습니다. 부드러움은 굳고 단단함을 이기고, 약한 것이 힘차고 튼튼함을 이깁니다. 그래서 흐르는 물과 같은 도는 그대로의 자연을 말합니다. 칠정七情, 喜怒哀懼愛惡欲을 덜어내고 또 덜어내면 무위에 이를 수 있습니다. 무위하면 백성들이 다스려지지 않는 바가 없습니다. 이것이 무위의 효용입니다.

3장   하늘 아래 걸어가는 길이 외로울지라도

기게스의 반지 이야기

플라톤의 《국가^{Republic}》에 유명한 '기게스의 반지^{The Ring of Gyges}'
우화가 실려 있습니다. 바르게 살고, 착하게 사는 것이 행복의 필요조건이
라는 견해를 물리치는 반론反論으로 자주 등장하는 이야기입니다.
한때 기게스는 목동이었습니다. 기게스가 양을 치고 있던 어느 날 갑자기
커다란 지진이 일어났어요. 지진이 일어난 자리에 땅이 갈라져 동굴이 생
겼는데 기게스는 동굴 속으로 들어갑니다. 그 안에서 금반지를 낀 거인의
시체를 발견합니다. 기게스는 거인의 손가락에서 반지를 빼 들고 밖으로
나왔어요. 어느 날 우연히 반지의 흠집 난 곳을 안으로 돌리면 투명인간이
되고 밖으로 돌리면 자신의 모습이 다시 나타난다는 사실을 알게 됐어요.

이제 '보이지 않는 힘'을 가진 기게스는 나쁜 마음을 먹게 됩니다. 가축의 상태를 왕에게 보고하는 전령으로서 궁전에 들어간 기게스는 마법의 반지를 이용해 왕비와 간통하고, 왕을 암살합니다. 심지어 왕위를 찬탈하고 왕으로 등극하죠.

기게스는 마법의 반지를 이용해 왕비를 유혹했고 왕을 죽였으니 부도덕하기 이를 데 없어요. 그렇지만 그는 왕위에 오르는 행복을 누립니다. 사람이 나쁜 짓을 하면 벌 받고 불행해야 하는데, 기게스의 우화는 그렇지 않다는 것을 보여주죠.

시키는 대로만 신다면 행복할까요

여기서 잠깐! 한국인의 강한 천인상관天人相關 사상을 한번 살펴볼까 합니다. 천지인이 조화를 이루는 삶이 아니라 인간이 스스로 천지에 종속되는 삶을 선택하는 경우를 말합니다.

천인상관 사상은 하늘이 인간을 속속들이 다 들여다보고 잘못이나 나쁜 짓을 하면 가뭄이나 폭풍이나 홍수로 징벌도 한다는 생각을 내포하고 있어요. 반대로 잘못을 속죄하고 빌면 용서도 하는, 하늘이 인간의 양심良心과 직결된 존재라고 여기는 식이죠.

조선 전기의 문신 추강 남효온南孝溫(1454~1492)의 수필집《추강냉화秋

江冷話》에 이런 이야기가 적혀 있습니다.

경기도 이천에서 한 강도가 처형을 당했는데 처형 직전 이 강도는 "나는 어릴 때 절도질을 한 일은 있으나 강도질은 한 일이 없다. 내 말의 허실은 하늘이 반드시 알고 있을 것"이라고 하였지요. 그런데 처형당하자마자 먹구름이 몰려들어 폭우가 쏟아졌고, 이천골 거의가 침수되고 대홍수를 몰고 왔어요.

물론 우연의 일치일 테지만 우리 옛 선비들의 강한 천인상관 사상은 결코 이를 우연으로 받아들이지 않았어요. 수령은 사직서를 써 역마 편으로 올려보내고 자신은 거센 탁류에 몸을 던져 자결했다고 해요.

우리 옛 선비들은 이처럼 하늘과 나의 양심 사이에 직결된 어떤 매체媒體가 있다고 여겼던 겁니다. 이것은 막스 베버가 거론한 기독교 문화권의 초자아超自我Super Ego와 흡사한 가치관이랄 수 있습니다. 곧 이기적利己的이고 속물적인 나를 초월한, 즉 하늘이 지켜보는 양심적 자아가 우리 옛 선비들에게는 체질화돼 있었던 셈이지요.

그러나 천인상관 사상은 대단히 위험한 발상일 수 있어요. 착한 일을 하면 하늘이 복을 내리지만 나쁜 일을 하면 벌을 받는 인과응보의 법칙은 늘 성공하지 않기 때문이지요. 이 세상에 인간을 불행하게 만드는 요소들이 너무 많아 착하게 살려고 해도 그렇게 되지 않고 착해서 반드시 보상을 받는 것도 아니란 걸 알 수 있지요.

하늘은 우리에게 때로 무심하기도 합니다

사실 악한 사람이 행복해지는 사례는 현실 속에서 혹은 가공
의 소설 속에서 흔하고도 흔합니다. 착하고 겸손하며 도덕률을 철저히 지
키는 삶이 행복의 필요조건이 아니라는 것을 우리는 당장 오늘 자 신문을
펼쳐보면 알 수 있어요. 세상에는 내가 미워하는 사람이 잘살고 높은 자
리에 앉아 있으니까요. 나만 왜 이리 사는지, 하늘이 원망스럽게 느껴지기
도 합니다.

그런데 생각해보세요. 인간이 서로 부도덕함만을 추구한다면 어떻게 될
까요? 법과 제도가 필요 없고 연민이나 동정, 양심도 필요 없어요. 모든
것이 힘에 의해 좌우되고 인간의 운명은 그날그날의 운수에 결정될 수밖
에 없어요. 그리고 그 힘도 오래 지속될 수 없어요.

되짚어 생각하면, 바르게 산다는 것이 재물을 충족시키고 권력이나 사욕
을 충족시키기 위해 필요한 것일까요? 높은 자리나 힘센 권력 속에 어떤
자연적 선善이나 본성 같은 하늘의 의지가 내포되어 있지 않다는 것을
알 수 있어요.

기원후 5세기 로마제국의 정치가이자 그리스와 로마 철학의 최후를 장식
한 사상가 보이티우스가 사형 선고를 받고 유배지에서 처형될 날을 기다
리며 저술한 책이 《철학의 위안 De Consolatione Philosophiae》(정의채 몬시뇰 譯)입
니다. 이 책에 이런 구절이 나옵니다.

우리는 상습적으로 행인을 살해하던 부시리디스^{Busiridis}가 나그네인 헤르쿨레스^{Hercules}에게 살해되었다는 것을 알고 있다. 레굴루스^{Regulus}는 포로로 잡은 많은 카르타고 사람들을 쇠사슬로 붙들어 매었지만 얼마 안 가 그 자신이 전쟁에 패하여 자신의 손을 그들의 쇠사슬에 내맡겨야 했다. 그러니 사람이 자기가 행한 것을, 남이 자기에게 응보 하지 못하도록 방지할 수 없다면 그런 권력이 대관절 무엇이 장하단 말인가.

(…) 수많은 악한이 고관대작을 차지하고 있다는 것이 현실인즉 그 고관직 자체가 본질적으로 선일 수 없음은 확연하다. 그리고 여러 다른 행복도 이와 마찬가지니 대체로 행복이란 아주 악덕한 사람들에게 더 풍성하게 베풀어지는 법이다.

남이 바라는 행복은 나의 것이 아닙니다

보이티우스는 이렇게 말합니다. "우리가 부러워하는 재물과 권력, 높은 지위는 하느님이 창조한 사물의 본성과는 거리가 멀고, 사람들이 그 사물의 본성과는 얼토당토않은 가짜 이름을 붙여 부르곤 하기 때문에 혼란이 생겼다"는 겁니다.

세상에서 말하는 세속적 행복(권력, 재물 등)은 다 진정한 행복이라고 불릴 수 없어요. 그 안에 바랄 만한 어떤 것도 지니고 있지 않을 뿐만 아니라 아

별의 지도

무런 선도 들어 있지 않지요.

뜬금없는 말일지는 몰라도, 노자의 《도덕경》 첫머리 해설에도 이런 말이 있어요.

도가도道可道 비상도非常道 명가명名可名 비상명非常名.

풀이하자면 '도를 도라고 부를 수 있으면 그것은 늘 그러한 도가 아니고, 이름을 이름으로 부를 수 있다면 그것은 늘 그러한 이름이 아니다.' 여기서 '도'가 무엇이고, '상'이 무엇이며 '이름'은 무얼 가리키는지 학자마다 논란이 분분하지만 분명한 것은 어떤 개념 안에 실재를 담아내기가 쉽지 않다는 것입니다. 세속적 행복이라는 수많은 속성이 있겠지만 그걸 모두 만족시킬 수는 없습니다. 세상에 가득한 수많은 욕망을 모두 충족시킬 수 없고, 잠시 충족한다고 계속 유지될 수도 없습니다. 구태여 그 이유를 "설명하는 자는 거짓말을 하는 것(이슬람교 성인 라비아 알 아다위야)"일지 모릅니다. "마치 유한한 인간이 무한한 신의 존재를 밝혀낼 수 없듯이(그리스도교 성인 아우구스티누스)" 말입니다.[1]

흔히 한국인은 철학과 사상이 부족하다고 합니다. 천인상관 사상이 강하

---

1   차동엽, 《잊혀진 질문》, 위즈앤비즈, 2021.

면 강할수록 인간은, 인간의 철학은 숨 쉴 수 없어요. 철학은 현실의 공포
나 욕망에서 자유로워진 인간을 다루는 분야입니다. 철학적 인간은 어떠
한 천재지변이나 폭군의 횡포에도 놀라거나 쉽게 동요하지 않습니다. 주
변의 변화에 휘둘리며 그때그때 희망이나 공포를 갖는 사람은 평생 자유
롭지 못하고 스스로 압제 속에 살아가게 됩니다. 보이티우스의 시 한 편
을 소개합니다.

어떠한 운명에도 의연한 사람은
거만한 운명을 발 밑에 깔고
행운과 불운을 올바르게 쳐다보며
그 얼굴 태연하게 보존할 수 있네.
태풍 휘몰아치는 바다의 광포도
큰 입으로 화염을 뿜어서
흑연黑煙에 뒤덮인 활화活火의 베수비오산도
드높이 솟은 저 탑 때려치는
천둥 번개와 벼락도
그 마음 혼란시킬 수는 없네.
가련한 사람들아! 어찌하여 너희는
하잘것없는 횡포스럽기만 한 폭군들을
무서워해 떤단 말이냐.

아무것도 바라지 않고
아무것도 두려워 않는다면
너, 폭군의 진노를 무력게 하리로다.
그렇지만 무서워해 떨거나
합당치도 못한 것만을 탐하는 자는
방패를 버리고 제자리를 떠남과 같으니
자기를 묶을 쇠사슬을
마련하는 것이니라.

보이티우스의 《철학의 위안》 중 〈제1서〉에서

\#　　　불행을 뛰어넘을 방법 하나, 희망입니다

　　　철학적 인간이 되기 위해서 필요한 것은 불행에 좌절하지 않는 희망입니다. 희망처럼 좋은 물건이 없습니다. 희망이 있으면 나에게 나도 몰랐던 재능이 생겨날 수 있습니다. 희망은 철학을 뛰어넘습니다. 어쩌면 희망이 있다면 철학이란 상품이 더는 필요 없을지 모릅니다. 희망은 절망을 몰아내지만 희망은 '소유'가 아니라 '존재'입니다. "내 것이냐, 네 것이냐"를 따지는 소유의 희망은 가짜 희망입니다.

한 사냥꾼이 30마리의 사냥개를 데리고 사슴을 잡으러 나갔습니다. 광활한 들판에서 30마리의 사냥개들은 사슴을 발견하자 미친 듯이 뒤쫓았어요. 그런데 어느 시점이 지나자 29마리의 사냥개가 헉헉대고 쓰러지기 시작했습니다. 단 한 마리의 사냥개만이 이미 숲속으로 들어가 보이지 않는 사슴을 열심히 뛰어갈 뿐입니다.

사실 포기해버린, 이미 지쳐 버린 29마리의 사냥개들은 사슴을 직접 보고 달린 게 아니었어요. 앞의 사냥개를 쫓아 덩달아 뛰었을 뿐이죠. 맨 먼저 달렸던 한 놈의 사냥개만이 사슴을 직접 봤기에 끝까지 뛰어갔던 겁니다.

희망도 마찬가지입니다. 희망은 절대로 쓰러지지 않습니다. 사슴을 발견한 사냥개만이 끝까지 쫓아가듯이, 희망을 품은 사람은 어떤 난관에도 쓰러지지 않습니다.[2]

만약 희망을 소리로 표현한다면 어떤 소리일까요? 어쩌면 '밥 짓는 소리' 일지 모른다는 생각을 하게 됩니다. 저마다의 생명을 지닌 쌀들이 압력솥 안에서 꿈틀대는 듯한 몸부림 말입니다.

보삭보삭 보글보글 사르륵사르륵 잘강잘강 조록조록 두순두순 들들들 똑또그르르 포르릉포르릉 꾸르렁꾸르렁 아르렁아르렁 왈강달강 웽그렁뎅

[2] 차동엽,《뿌리 깊은 희망》, 위즈앤비즈, 2009.

그렁 와당탕퉁탕 와릉와릉 쿵덕쿵덕 닐리리쿵더쿵 지은 밥 모록모록 퍼 올린다

김환중의 〈밥 짓는 소리〉(부분)

많고 많은 희망가 중에서 미겔 데 세르반테스^{Miguel de Cervantes} (1547~1616)가 쓴 《돈키호테^{Don Quixote}》(1605)에 나오는 이 시만큼 기막힌 희망가가 또 있을까 싶습니다. '불가능한 꿈속에서 사랑에 빠진다'는 노랫말에 돈키호테의 황당무계하지만 아름다운 이상주의가 담겨 있습니다.

불가능한 꿈을 꾸는 것.
무적의 적수를 이기며,
견딜 수 없는 고통을 견디고
고귀한 이상을 위해 죽는 것.
잘못을 고칠 줄 알며,
순수함과 선의로 사랑하는 것.
불가능한 꿈속에서 사랑에 빠지고,
믿음을 갖고, 별에 닿는 것.

《돈키호테》 중에서

라만차의 시골 지주 '알폰소 키하노'는 핍박받는 이의 편에 서야겠다고 어느 날 다짐하고는, 자신의 이름을 '돈키호테'라고 고치고 '산초 판자' 와 모험을 나섭니다. 영어의 '키호티즘Quixotism'이라는 단어가 있어요. 자신의 꿈과 이상을 실현하기 위해 저돌적으로 나아가는 성품이나 경향을 일컫는 말인데 돈키호테에서 파생되었죠. 풍차를 거인으로 생각하고, 양 떼를 교전 중인 군대로 생각하며, 포도주가 든 가죽 주머니를 상대로 격투를 벌인 돈키호테를 떠올려보세요. 여행이 이렇게 어처구니없고 황당할지라도, 그는 '오직 믿음을 갖고, 별에 닿기 위해' 길을 떠납니다.

훗날 소설《돈키호테》를 각색한 뮤지컬 〈라만차의 사람Man of La Mancha〉에서 극중 돈키호테가 부르는 〈불가능한 꿈Impossible Dream〉은 앞서 시에서 느껴지는 장중함을 넘어 달콤하며 낭만적인 분위기가 느껴집니다.

이루지 못한 꿈을 꾸고

쳐부수지 못할 적과 싸우며

견디지 못할 슬픔을 견디고

용감한 사람도 가기 두려워하는 곳에 가고

순수하고 정결한 것을 사랑하고

잡을 수 없는 저 별을 잡으려고 손을 뻗는 것,

이것이 나의 여정이다.

아무리 희망이 없어 보여도,

아무리 길이 멀어도,

정의를 위해서 싸우고

천상의 목표를 위해서는 지옥에 가는 것도 두려워하지 않고,

이 영광의 여정에 충실해야 나 죽을 때 평화로우리

그리고 이것 때문에 세상은 더 좋아지리

아무리 조롱받고 상처 입어도

한 사람이라도 끝까지 노력한다면

잡을 수 없는 저 별을 위해

하얼빈 기차역에 홀로 선 안중근 의사

사람의 선택은 늘 위태롭습니다. 시각과 관점에 따라 정반대의 해석을 낳기도 합니다. 정말이지 사람의 신념이란 것은 믿을 것이 못됩니다. 인간이 지닌 각자의 신념이, 신념의 칼끝이 언제 자신을 향할지 모릅니다.

이토 히로부미 伊藤博文(1841~1909)를 일본에서는 일본의 근대화를 이끈 애국자라고 합니다. 그를 하얼빈에서 총을 쏘아 죽인 안중근 安重根

(1879~1910) 의사는 우리의 영웅이지요. 이렇게 나라 대 나라로 보면 우리의 원수는 저들의 애국 영웅이 되고 반대로 우리의 영웅은 저들에게는 테러 범죄자가 됩니다. 나라 대 나라의 대립 구도로만 본다면 이 문제는 영원한 돌림노래, 쳇바퀴 돌리기입니다.

어떻게 해야 이토를 죽인 안중근 의사가 위대해질까요? 국가주의를 넘어 그보다 더 높은 곳에서 말을 해야 합니다. 일본 사람이 하는 것보다 더 높은 차원의 인도주의에서 한 것이었다고 해야지요. 그렇게 되면 안중근 의사는 우리의 영웅이 아니라 세계 인류에 대한 폭력을 막은 사람, 비인간적인 짓을 저지르는 일본인과 맞서 싸운 사람이 되는 겁니다.

일본이라는 국가와 싸운 사람이 아니라, 그 비인간적인 세력과 싸워서 이긴 사람이에요. 그러면 안중근 의사는 한국의 영웅이 아니라 인류의 영웅이 될 수 있어요. ▶하얼빈으로 오기까지

한일관계가 악화하는 와중에도 2019년 3월 26일 서울 남산 안중근의사기념관에서 열린 안중근 의사 순국 109주기 추모식에 일본인 20여 명이 참석한 일이 있습니다.

스가와라 도시노부菅原敏允 미야기宮城현 구리하라栗原시 국제교류협회 회장과 스즈키 히토시鈴木仁 전 요코하마横浜 시립중학교 교사는 각각 2002년, 1994년부터 매년 안 의사 추모식에 참석하고 있습니다.

스가와라 회장은 이날 안중근 의사에 대해 "동양평화론을 주창한 위대한 인물"이라고 평가했습니다.

스가와라 회장은 뤼순 감옥에서 안 의사와 인연을 맺은 일본 헌병 지바 도시치 씨의 고향인 구리하라시에 살고 있습니다. 그는 5년 동안 일본인 500여 명에게서 성금을 모아 구리하라시에 안중근 의사와 지바 도시치의 이름을 새긴 추모비를 건립한 일도 있어요.

"지바 도시치는 중국 뤼순 감옥에서 매일 안중근을 감시하다가 안 의사가 훌륭한 인물이라는 것을 알게 됐다고 합니다. 안 의사는 돌아가실 때 '나는 한국의 군인이기 때문에 한국을 위해 죽지만, 지바 당신은 일본의 헌병이니 일본을 위해 목숨을 바치라'고 말했다고 해요. 이런 인연을 소중하게 여기는 것이 평화운동입니다."

스가와라 씨는 또 "일본에선 안중근은 '테러리스트' 혹은 '범죄자'로 인식되나, 역사를 깊게 공부한 사람은 안 의사는 (테러리스트라는 개념을) 넘어선 인물임을 알게 된다"고 말했습니다.

그러면서 "종교와 언어, 관습이 다르다는 것을 서로 인정하지 않으면 국제교류는 불가능하다"며 "다른 것을 받아들이지 못하면 평화는 찾아올 수 없다"고 강조했어요.[3]

---

3 〈안중근 추모식 참석 일본인들 "동양평화론 주창한 위대한 인물"〉, 연합뉴스 2019년 3월 26일 자.

하얼빈으로 오기까지

아무런 보답도 약속되지 못하던 그 시절, 생명을 바쳐 독립운동을 실천한 안중근 의사義士. 그는 이토를 저격한 민족의 영웅이며 무장투쟁가였지만, 다른 한편으로는 〈동양평화론〉을 저술한 평화주의자이기도 했지요.

이토 히로부미가 뤼순커우旅順口로부터 창춘長春을 지나 콴청쯔寬城子에서 잠을 자고 아침에 특별차로 하얼빈 정거장에 당도한 날은 1909년 10월 26일이었습니다. 앞서 안중근이 하얼빈에서 이토를 저격하자며 우덕순에게 거사를 제의했다고 합니다. 이때 안중근은 정거장 찻집에서 차 한 잔을 부어놓고 뜨거운 마음을 녹이면서 모든 정신을 한데 뭉쳐서 어떻게 거사를 행할까를 고민하던 중 열차 소리가 나서 얼른 밖으로 뛰어나갔습니다.

품에 있던 브라우닝 7연발 권총을 꺼내 한 발을 "탕" 쏘아 이토의 가슴을 맞혔고 또 한 발을 쏘아 이토의 옆구리, 또 배를 맞춰 이토를 쓰러뜨렸습니다. 일본 하얼빈 총영사 가와카미川上와 비서관 모리森, 철도총재 다나카田中 등도 각기 한 발씩 맞아 거꾸러졌습니다.

그 뒤 안중근은 총을 러시아 헌병에게 주고 "코레아 우라(러시아 말로 '대한독립 만세')"를 세 번 외쳤습니다. 군사들이 달려와 그를 포박하자 "내가 어찌 도망하리오. 만일 도망할 것 같으면 이 죽을 땅에 들어왔으리오" 하고 태연히 말했다고 전합니다. 이토는 피격 30분 만인 오전 10시경에 숨졌습니다. 안중근은 신문訊問 중에 일본 검찰관을 향해 이렇게 말했어요.

別의 지도

"일본이 비록 백만 명 군사를 가졌고 또 천만 문™의 대포를 갖추었다 해도,
안응칠의 목숨 하나 죽이는 권세밖에 또 무슨 권세가 있을 것이냐. 사람이 세
상에 나서 한 번 죽으면 그만인데 무슨 걱정이 있을 것이냐. 나는 더 대답할
것이 없으니 마음대로 하라."

안중근은 이듬해 3월 26일 오전 10시 모친이 보낸 하얀 명주 한복을 입고 교수
대 옆 대기실로 가서 눈을 가린 채 교수대에 올라 10시 4분쯤 조용히 형의 집행
을 받았습니다. 감옥의監獄醫는 10시 15분 절명했다고 보고했습니다. 밖에는 추
적추적 부슬비가 내리고 있었다고 합니다.

[편집자주] 2022년 8월 소설가 김훈이 안중근의 일대기를 소설로 엮은《하얼빈》
을 펴냈습니다. 소설 속에서 여러 인물과 사건이 갈등하고 대립하며 부딪히는데,
이토 히로부미로 상징되는 제국주의의 물결과 안중근으로 상징되는 청년기의
순수한 열정이 부딪칩니다. 살인이라는 중죄에 임하는 한 인간의 대의와 윤리가
부딪치며, 안중근이 천주교인으로서 지닌 신앙심과 속세의 인간으로서 지닌 증
오심이 부딪칩니다. 김훈은 '작가의 말'에서 안중근에 대해 이렇게 말합니다.

"한국 청년 안중근은 그 시대 전체의 대세를 이루었던 세계사적 규모의 폭력과
야만성에 홀로 맞서 있었다. 그의 대의는 '동양 평화'였고, 그가 확보한 물리력
은 권총 한 자루였다. 실탄 일곱 발이 쟁여진 탄창 한 개, 그리고 '강제로 빌린

(혹은 빼앗은)' 여비 백 루블이 전부였다. 그때 그는 서른한 살의 청춘이었다.

(…) 안중근을 그의 시대 안에 가두어놓을 수는 없다. '무직'이며 '포수'인 안 중근은 약육강식하는 인간세의 운명을 향해 끊임없이 말을 걸어오고 있다. 안중근은 말하고 또 말한다. 안중근의 총은 그의 말과 다르지 않다."[4]

가린 눈을 나그네처럼 뜹시다

그런데 여기서 한 걸음 더 나가봅시다. 그린피스 같은 범지구 적 환경운동을 해서 자연 파괴를 막는다면 그 사람은 누구의 영웅이 될까 요? 자연에서 살아가는 다람쥐, 토끼, 그리고 자연 그 자체겠지요. 정말 위 대한 영웅인 것이죠. 그보다 더 큰 영웅이 있을 수 있을까요?

그러나 자연이라는 게 아름다운 자연만 있으면 누군들 못 하겠어요. 자연 에는 코로나19, 오미크론, 메르스, 페스트와 같은 고약한 바이러스도 있 어요. 그것도 생명체죠. 그러니 그게 그렇게 간단한 것이 아닙니다. 그러 니까 여러분도 함부로 '나는 누구야'라는 신념을 가지면 안 돼요. 이렇게

---

4 김훈,《하얼빈》, 문학동네, 2022.

어려운 문제를 매일매일 같이 싸워서 자기만의 결론을 얻지 못한다면 지식인이라고 할 수 없어요.

그 길은 어쩌면 외로운 길일지 모릅니다. 남들이 알아주는 화려하고 번듯한 길이 아닐지 모릅니다. 남들이 외면하는 싸움의 길, 투쟁의 길일지 모릅니다.

또 그 길을 말로 설명하기 어렵습니다. '말이 앞서면 실행이 못 미칠까 두려운 마음이 들기도古者言之不出, 恥躬之不逮也' 합니다. 그러나 공자님께서는 또한 "곧은 마음씨는 외롭지 않다. 반드시 이웃이 있기 마련이다德不孤 必有隣"고도 하셨습니다. 혼자 가는 길이 외롭지만 뜻을 바로 세우면 반드시 나를 지지해줄 벗이 나타날 겁니다.

늘 경계하면서두 자기 내면에서 들리는 '찰칵' 소리에 귀를 기울이세요. 그 소리는 논리적인 소리가 아니라 실존적인 소리입니다. '아하 경험Aha experience' 같은 갑작스런 깨달음 혹은 통찰일지 모릅니다. 이런 맥락에서 그리스도교 성인인 베네딕토Sanctus Benedictus de Nursia(480~543)는 "무슨 선행을 시작하든지 미치도록 간절한 기도로써 청하라"[5]고 하셨습니다. 군

---

5 "In primis, ut quidquid agendum inchoas bonum, ab eo perfici instantissima oratione deposcas." 베네딕트 수도회의 수도규칙(Regula Bendicti) 머리말의 4번째 항목입니다. 이 가운데 instantissima oratione는 간절한 기도를 나타냅니다. '간절한 기도'는 많은 말로 표현해야 한다는 뜻이 아닙니다. 내적 강도를 의미하며 신뢰 가득한 마음으로 신의 현존을 바라는 깊은 내적 확신에서 오는 힘을 말합니다. (참고: 피델리스 루페르트, 《노년을 위한 마음 공부》, 분도출판사, 2016.)

이 선행이 아니더라도, 신을 향하든 그렇지 않든, 기도의 형식이든 아니든 "미치도록 간절하게" 행하면 길이 희미하게나마 보이지 않을까요?

어쩌면 길을 찾는 일은 나그네가 되는 일인지 모릅니다. '진리는 나그네'라는 말도 있어요. 진리는 한 곳에 사로잡혀 있지 않은 것, 절대적인 것이 아니라 변화하는 것입니다. 그리고 그것은 섭렵하는 것입니다. 구하고 떠나며, 떠나서 다시 구하는 것입니다. 진리는 나그네인 것이죠![6]

나그네에게 신념은 버려야 할 짐일지 몰라요. 신념에 사로잡혀 답이 정해져 있는 사람과는 대화할 필요가 없습니다. 그래서 지금 하고 있는 대화가 중요한 것이죠. 길 떠난 나그네에게 어제와 오늘, 그리고 내일은 달라야 해요. 그래서 오늘이 제일 아름답고, '지금 여기'가 중요한 것이죠. 오늘도 내일도 변하지 않는 신념을 가진 사람은 신뢰할 수 없는 사람입니다. 신념은 위험합니다. 관점에 따라 시간에 따라 변하는 게 인간사인데, '예스'와 '노'만으로 세상을 판단하기 때문이에요. 메이비 maybe를 허용해야 합니다. 'maybe' 덕분에 우리는 오늘을 살고 내일을 기다리는 것입니다.

신념에 기대어 산다는 건 시간 낭비가 아닐까요? 신념 속에 빠져 거짓 휴식을 취하지 말고 변화무쌍한 진짜 세계로 나아가야 합니다.[7]

---

6   이어령, 《세계문학에의 길》, 갑인출판사, 1985.

7   이어령, 《마지막 수업》, 열림원, 2021.

2부 | 별과 마주하는 마음

별이 빛나는 하늘은 우리에게 언제나 놀라움과 경외를 줍니다

내가 서양 사람들 앞에서 천지인 삼재 사상을 이야기하면
서양인들은 다들 " 와, 놀랍다! "고 이야기합니다. 까닭이 있어요.
서양의 최고 철학자는 플라톤^{Plato}(B.C. 427~B.C. 347)입니다.
영국의 철학자 화이트헤드^{Alfred North Whitehead}(1861~1947)는
" 오늘날 서양 철학은 플라톤의 주석본에 지나지 않는다 "는 말을 했어요.
여기에 하나 더 붙이자면 아리스토텔레스^{Aristotle}(B.C. 384~B.C. 322)가 있지요.
서양철학은 이 둘에서 시작되고 끝난다고 말해도 과언이 아닙니다.
그런데 가만히 보면, 이 둘이서 하늘과 땅에 대해
서로 엇갈린 이야기를 나누고 있는 게 아니겠어요.
그것이 구체적으로 어떤 이야기인지 알려면,
로마의 바티칸 궁전에 있는 한 그림을 보아야 합니다.

1장   땅과 하늘을 가리키는 두 사람

\#   교황청 안의 플라톤과 아리스토텔레스

이탈리아 르네상스 전성기의 화가 중에 라파엘로 ^{Raffaello} ^{Sanzio}(1483~1520)가 있습니다. 로마가 위치한 이탈리아는 기본적으로 기독교 내지 그리스도교 국가이지만 르네상스 시기에 고대 그리스 · 로마의 문화가 들어와요. 중세 때는 그리스도교와 이방의 종교 문화는 대립하고 싸웠지만 르네상스에 들어서 기독교가 그리스 · 로마의 문화까지도 다 품어버립니다. 그래서 만들어진 것이 바티칸 교황청의 프레스코화입니다.

대표적인 그림은 라파엘로가 1510~1512년 사이에 그린 〈아테네 학당 ^{Scuola di Atene}〉이라는 작품입니다. 고대 그리스는 자신들의 여러 신神을 믿

〈아테네 학당〉, 바티칸 사도 궁전 소재(위: 전체, 아래: 부분)

는 다신교도들이었으니까 로마 가톨릭의 입장에서 보면 이교도지요. 그런데 왜 바티칸에 이 그림을 그리게 했을까요?

플라톤, 아리스토텔레스까지도 예수님 밑에 오면 다 제자가 될 수 있다는 뜻입니다. 이 〈아테네 학당〉을 보면 알겠지만, 가로세로의 비율이 똑같아요. 이처럼 비율이 똑같은 게 그리스도교의 십자가입니다. 그러니까 그리스의 철학자들을 데리고 그리스도교를 만든 거죠. ▶두 거인이 걸어간 다른 두 세상

두 거인이 걸어간 다른 두 세상

고대 서양철학사에서 플라톤과 아리스토텔레스의 애증의 시간들을 후세사람들은 흥미로운 시선으로 바라보곤 하죠.

기원전 384년에 태어난 아리스토텔레스는 열여덟 살에 플라톤의 아카데미에 입학합니다. 그곳에서 악동 모범생이자 말썽꾸러기 학생이었다고 해요. 당시 플라톤은 예순이 넘은 노인이었어요. 주변 사람들은 화기애애하다가도 얼굴을 붉히며 언쟁하는 두 사람을 자주 보았다고 하죠. 언쟁이 끝나면 아리스토텔레스는 항상 "스승님을 좋아하지만 내 진리가 더 좋다"고 말했다고 합니다. 플라톤이 세상을 떠난 뒤 아테네를 떠나 세계 곳곳을 돌아다니며 지식을 쌓았다고 합니다. 그는 산책하면서 학술 문제를 토론하고 제자들을 교육했는데 이러한 공부 방식을

두고 후대인들이 '소요학파'라고 불렀습니다. 소요逍遙는 거리를 천천히 거닌다는 뜻이에요. (참고: 리샤오둥, 《철학이 있는 저녁》, 미래타임즈, 2018)

스승은 하늘을, 제자는 땅을

이 그림의 중앙을 보세요. 플라톤과 아리스토텔레스를 세워 놓았지요? 그리고 나머지 그리스 철학자들을 다 집어넣었어요. 다른 사람은 몰라도 여기 벌거벗고 드러누워 있는 사람이 디오게네스라는 건 한눈에 알아볼 수 있죠. 통나무집에서 산 디오게네스 말고 또 누가 이렇게 바닥에 드러누워 있겠어요.

플라톤과 아리스토텔레스를 크게 확대해 보면, 플라톤의 손끝이 하늘을 가리키고 있어요. 아리스토텔레스는 손바닥을 아래로 해서 땅을 가리키고 있죠.

이러니 서양 사람들이 내가 '천지인 삼재'를 이야기하면 놀라지 않을 수 있겠어요?

플라톤은 "모든 인간의 본질은 하늘에 있다"라고 말하고 있어요. 그러자 아리스토텔레스가 "선생님, 하늘이 아니라 땅이지요, 땅"이라고 말합니다.

플라톤에 따르면 인간의 영혼은 원래 이데아의 세계에 거주하며 살았습니다. 그 영혼들은 이 세상을 구성하고 있는 이데아에 대한 완전한 지식을 자기 안에 지니고 있었어요. 그러나 영혼이 육체와 결합하여 이 세상에 태어나는 순간, 감각에 의해 획득되는 정보에 의해 영혼은 오염되기시작했습니다. 그래서 이데아의 세계에 대한 지식을 잃어버리게 되었죠. 그래서 인간은 동굴 속에 갇혀 쇠사슬에 묶인 채로 동굴의 벽에 비친 그림자를 '실재'로 착각하며 살아가게 되었어요. 이것이 플라톤의 생각입니다.

플라톤의 인간은 내부에 이데아의 세계에 관한 정보를 이미 지니고 있기에, 감각적 정보에서 벗어나는 능력을 길러 영혼 속에 든 이데아의 세계를 회상해 내게 되면 진정한 진리를 얻을 수 있지요. 이것을 일명 상기설(想起說)이라고 합니다.

반면 아리스토텔레스는 관념론자인 스승에 대비되는 자연주의적인 철학자로, 현실적, 경험적인 면을 강조했습니다. 그는 사물의 본질이 개개의 사물과 분리되어 이데아의 세계에 있는 것이 아니라, 개개 사물 속에 내재되어 있다는 실재론實在論을 주장했어요. 모든 사물은 지니고 있는 목적(형상)을 이루기 위해 끊임없이 변화해 가는 존재로 보았습니다.

아리스토텔레스에게 이성은 저절로 얻어지는 것이 아니며, 오랫동안 도덕적 습관을 훈련시키고 이성적 능력을 계발시켜야 비로소 얻을 수 있는것입니다. 그래서 아리스토텔레스는 교육을 강조했습니다. 국가가 모든

교육을 관장해서 공립 체제에서 모든 이들에게 똑같은 교육을 제공해야
한다는 입장이었습니다.

서구 사상의 두 큰 물줄기는 관념론에 바탕을 둔 플라톤과 실재론에 바탕
을 둔 아리스토텔레스라고 해도 과언이 아닙니다.

\#   서양 문명을 이끌어온 둘 사이의 대립

플라톤이 가리키는 하늘과 아리스토텔레스가 가리키는 땅, 이
게 이원론二元論입니다. 서양은 죽었다 깨어나도 이 이원론에서 벗어
나지 못해요. 헤겔Georg Wilhelm Friedrich Hegel(1770~1831)이 정(正 · 테제Thesis),
반(反 · 안티테제Antithesis), 합(合 · 신테제Synthesis)이라고 해도, 프로이트Sigmund
Freud(1856~1939)가 무의식을 파헤치고 별의별 것을 다 했지만 결과적으
로 서양에서 '하늘'과 '땅'은 멀어요. 하늘은 이데아, 관념의 세계이고 땅
은 육체의 세계입니다. 하늘은 무한 · 영원의 세계이고 땅은 순간 · 공간
의 세계입니다. 무한 · 유한, 선 · 악, 두 세계로 나눕니다.

서양에서는 하늘나라에서 잘못한 사람들이 모두 땅으로 떨어져요. 떨어
지는 것은 무게를 지니고 있어요. 중력에 의해 떨어지는 것은 다 나쁜 것
이 되고, 죄는 항상 무거운 것이에요. 무거운 죄를 지은 죄인들의 발목에
큰 족쇄를 채우죠.

반대로 중력을 이기고 날아가는 것들은 선善한 것들, 좋은 것들이죠. 그래서 단테의《신곡》에 보면 죄의 무게만큼 높은 산을 올라가는 형벌을 내립니다.

《신곡》에서 '지옥inferno(인페르노)'은 9개의 원으로 이루어져 제1원은 넓고 아래로 내려갈수록 점점 좁아지는 마치 팽이 같은 구조로 되어 있습니다. 따라서 지옥의 심층부로 내려갈수록 죄는 깊어지고 커집니다. 반대로 올라갈수록 죄는 가벼워집니다. 지옥의 구조는 단테의 여행에서 매우 중요한데, 오르기 전에 먼저 내려가야 한다는 진리를 배우게 됩니다.

다시 말해 지옥으로의 하강은 신神을 향해 상승하기 위한 훈련입니다. '내려감'은 절대자를 향한 길이며 회개의 걸음입니다. 내려가야만 다시 올라올 수 있기 때문입니다. 놀랍게도 신의 공의公義와 사랑의 균형을 지옥에서 배울 수 있습니다.[1]

#　　둘에 하나를 더해봅시다

서구식 이항二項 대립사고는 동전 던지기를 봐도 알 수 있습

---

[1]　안정진 목사, 〈단테의《신곡, 지옥편》"오르기 전에 먼저 내려가야 한다"〉,《(월간고신) 생명나무》, 2021년 10월호.

니다. '앞면이냐 뒷면이냐'의 승부죠. 한 방향으로 이어진 서양식 일직선의 사고입니다.

그러나 동양에선 가위바위보를 합니다. 가위바위보의 동양은 니체의 '영원회귀'와 인도의 '윤회輪廻'처럼 순환하죠.

가위바위보는 확률적으로도 우연성을 바탕으로 한 겨루기여서 절대 승자는 없고 승부가 거의 균등하다고 합니다. 삼항三項 순환인 것이죠.

이 삼항 순환을 이야기하자면 피시스^{Physis}, 노모스^{Nomos}, 세미오시스^{Semiosis}를 이야기 안 할 수 없네요. 각각을 자연계, 법칙계, 기호계라고 설명할 수 있어요.

피시스는 자연법칙입니다. 세계 어디든 물은 0도에서 얼고 100도에서 끓지요. 그러나 법률이나 제도의 노모스는 국가와 시대에 따라 다르고 바뀝니다. 피시스와 노모스 중간에 있는 세미오시스는 언어와 같이 하룻밤 사이에 바뀌는 것이 아니며, 그렇다고 영구불변의 자연법칙도 아닙니다. 세미오시스는 상상력의 세계, 예술의 세계를 뜻해요.

피시스의 관점에서 보면 중국은 대륙, 일본은 섬, 한국은 반도의 나라입니다. 대륙(중국)은 개체를 초월하는 생명력을 갖고 세계를 감싸 안는다는 점에서 가위바위보의 '보'에 가깝죠.

일본은 무사가 지배하는 나라여서 주먹은 힘을 상징합니다. '바위'와 비교할 수 있어요. 대륙과 비교해 여유보다는 긴장, 확대보다는 축소 지향인 것이죠.

한반도의 '가위'가 있어야 비로소 다이내믹한 순환운동이 일어납니다. 바위도 섬도 아닌, 또는 대륙이기도 하고 바다의 섬이기도 한 독특한 다양성과 통합성이 '반도 문화'를 이루었다고 봐요.

가위가 정상적으로 움직이면 동아시아는 선형적인 이항대립의 시스템에서 벗어나 원형적인 순환과 생성의 시스템을 만들어낼 수 있습니다. 비유로 이야기하자면, 대립하는 물과 불 사이에 가마솥이 있으면 맛있는 음식을 만들 수 있어요. 한국이 가마솥 역할을 수행하던 시기에는 동아시아에 평화가 찾아오고 아름다운 문화의 꽃이 피어났죠. 가위가 제 역할을 못하면 동북아는 불행했어요.

현재 북한은 중국의 대륙문화의 연장선상에 있어 대륙의 나라로 변했고, 남한은 인공적인 섬나라가 되어 해양 문화의 영역으로 전환되었습니다. 안타깝게도 한반도 분단은 한민족의 비극을 넘어 동북아시아 전체의 비극이기도 합니다.

2장　고정관념을 버리는 순간, 우리가 꿈꾸던 별이 보입니다

#　　과연 그 지금이 이별의 때일까요

　　우리나라 사람들이 다 아는 국민시 두 편이 있어요. 그중 하나가 김소월金素月(1902~1934)의 〈진달래꽃〉입니다. 그리고 또 하나의 시는 윤동주尹東柱(1917~1945)의 〈서시〉입니다.

두 시 모두 각종 시험에 단골 출제되는 시지요. 교과서에 실린 이 시를 학창 시절 외웠거나 지금도 외우고 있는 사람이 많을 겁니다. 그러나 그렇게 외우는 사람 중 거의 단 한 사람도 〈진달래꽃〉과 〈서시〉를 제대로 모른다고 말한다면 믿으시겠어요?

　나 보기가 역겨워

가실 때에는
말없이 고이 보내드리오리다

영변寧邊에 약산藥山
진달래꽃
아름따다 가실 길에 뿌리오리다

가시는 걸음 걸음
놓인 그 꽃을
사뿐히 즈려밟고 가시옵소서

나 보기가 역겨워
가실 때에는
죽어도 아니 눈물 흘리오리다

김소월의 〈진달래꽃〉(전문)

자, 〈진달래꽃〉을 우리는 이별의 시로 배웠어요. 과연 진짜 그럴까요? 이
시는 '나 보기가 역겨워 가실 때에는….'이라고 시작해요. '가실 때'니까
아직 내가 사랑하는 님은 안 갔어요. 이런데 어떻게 이별의 시가 됩니까?

'만약 당신이 가신다면 이러이러하겠다'는 이야기니까 현재 이 두 사람은 서로를 역겨워도 않고, 가지도 않았으며, 열렬히 사랑하고 있는 중이에요. 가령 내가 '만약에 백만 원이 생긴다면….'이라고 썼는데 시제를 잘못 봐서 '아, 이李 아무개 백만 원 생겼대'라고 오해하는 것과 마찬가지입니다. 이게 영어로 하면 if 가정법이잖아요. 그런데 학교에서 다들 그렇게 가르쳐요. 사랑가가 아닌 이별가로 말이죠.

사랑과 이별의 패러독스

"사랑한다면 당신하고 어디 기서 시로 진달래꽃 꺾어서 뿌리지 않고 화전이라도 부쳐 먹으면서 오손도손했어야지. 이건 분명히 이별하는 이야기야"라고 단정하는 식이에요.
그러나 동사의 시제를 잘 보세요. '나 보기가 역겨워 가실 때에는 말없이 고이 보내 드리오리다'에서 보듯 '드렸다'가 아니라 '드리오리다' 잖아요. 그런데 다들 '드렸다'로 읽어요. 그러니까 이별의 시가 된 거죠. '뿌리오리다'지, 뿌리지 않았어요. 이 시의 동사는 전부가 미래 추정형입니다. 마지막 구절도 보세요.

죽어도 아니 눈물 흘리오리다

지금은 눈물을 흘리지 않았어요. 그러니까 이 시가 정말로 이별가가 되려면 이렇게 되어야죠.

'나 보기가 역겨워 가실 때에 말없이 보내 드렸었지. 가시는 걸음걸음 놓인 그 꽃을 사뿐히 지르밟고 가셨지. 죽어도 눈물 안 흘리려고 했는데 눈물 펑펑 흘렸습니다.'

이게 원래의 시와 닮기나 했어요?
이 시의 화자가 말하고자 하는 건 이 말이에요.

"내가 당신을 지금 열렬히 사랑하고 있다는 것입니다. 나는 당신을 너무 사랑하기 때문에 나를 버려도 꽃을 뿌려줄 겁니다. 나는 눈물도 안 흘릴 겁니다, 이렇게 사랑하는데….."

더 정확하게 말하자면 이 시는 이별을 가장하여 사랑을 노래한 시예요. 이별을 상상하면서 이별을 통해 오늘의 반대되는 상황으로 오늘의 내가 누리고 있는 사랑의 기쁨을 노래한 시예요. 이별의 슬픔을 통해 사랑의 기쁨을 노래한 것이죠. 이것을 전문적인 용어로는 패러독스 아이러니 Paradox Irony 수법이라고 합니다.
패러독스(Paradox, para[초월] + doxa[의견])는 역설逆說을 의미합니다. 역설은 맥락에 의해 좌우되는데, 그 바닥에 진실이 개입되는 경우가 많습니다. 아이러니는 반어反語라고 할 수 있습니다. 겉으로 하는 진술과 다른 속뜻을 지니는 경우가 많지요. 예컨대 '좋아 죽겠다' '배불러 죽겠다'는 표현이 그렇습니다. 역설과 반어는 아주 밀착되어 있는데, 표면적인 진술과 그 바닥에 깔린 참뜻 사이에 대조가 이뤄지기 때문입니다. 대표적인 작품이 김소월의 시 〈먼 후일後日〉입니다.

먼 후일 당신이 찾으시면
'그때에 내 말이 잊었노라'

당신이 속을 나무라면
'무척 그리다가 잊었노라'

그래도 당신이 나무라면
'믿기지 않아서 잊었노라'

어제도 오늘도 아니 잊고
먼 후일 그 때에 잊었노라

김소월의 〈먼 후일〉(전문)

'잊었노라'는 과거시제에 쓰이는 말인데 '먼 후일' 잊었다고 말합니다. 모순적이지요. '잊지 않겠다'고 맹세하는 듯합니다. 모순되는 의미맥락의 단면을 잘 보여줍니다.

\#   조금만 더 귀를 기울여볼까요

이건 미국의 통계자료입니다. 의사가 환자의 말을 평균보다 3초만 더 들으면 오진율이 10%가 줄어든다는 거예요. 의사가 진찰을 할 때 하도 많은 사람들을 보니 처음 몇 마디만 듣고도 바로 병명을 맞추게 됩니다. 일종의 선입견이 생기게 되는 것이지요. 의사는 자신이 알고 있는 증상 몇 가지가 나오면 거기서 더 이상의 진료를 멈추고 진단을 내려요.

"어디 아프십니까."
"네, 코가 아파서 그런데요."
"아, 그러세요? 어떻게 아프세요?"
"냄새도 나고 콧물도 나고."
"아, 비염이네요."

이 대화를 끝으로 의사는 의료 차트에 비염이라고 적어서 환자에서 처치실로 가라든가 약국으로 가라든가 처방을 내리고 끝을 내게 되겠죠. 그래서 오진이 그렇게 많이 발생하는 거예요. 여기서 3초만 더 들어보라는 겁니다.

"내 코가 헐었는데요, 그런데 배도 아파요."

콧물도 나면서 배도 아픈 병이 어떤 병인지 나는 의사가 아니라 잘 모르 겠지만, 어쨌든 선입견 때문에 3초를 더 듣지 않아서 의사는 환자의 증상 하나를 놓치고 오진을 하게 되는 겁니다. 이게 패러독스, 아이러니예요. 재미난 이야기가 하나 있는데요. 평생 동안 영화를 딱 몇 편밖에 보지 못 한 시골 사람이 영화관엘 간 거예요. 영화가 시작하기 전에 사자가 나와 서 울부짖는 것 같은 MGM 영화사의 로고 영상, 그러니까 ㄱ 영화 제작 사의 상표가 나오니까 이 시골 사람이 이렇게 말하더래요.

"어, 이거 나 본 영환데."

하고는 영화관에서 나와 버렸다는 이야기예요. 전에도 MGM 영화사에서 만든 영화를 보고 동일한 영상을 본 적이 있는 모양이지요. 이 이야기에 사람들은 웃겠지만, 사실 대부분의 사람이 일상적으로 하는 일이 이와 같 습니다. 물건을 보지 않고 상표만 보고 어떤 물건을 구매할 때가 있어요. 그런 사람들이 있으니 가짜 물건에 상표만 붙여놓고 파는 사람들도 있어요. 나중에 누가 말을 해 줘서 자신이 속아 샀음을 알게 되죠. 상표만 보고 물건을 사는 사람이나, 상표만 보고 나온 사람이나 뭐가 달라요. 다 선입견의 희생자들입니다.

어니스트 헤밍웨이^{Ernest Hemingway}(1899~1961) 작품 속에 등장하는 인간이 바로 스테레오타입^{Stereotype}의 고정관념에 빠진 경직되고 정형화된 인물입니다. 의미를 추론할 줄 모르는 무지몽매한 인간이죠. 소설에 등장하는 인간은 신을 부르기는 하지만 신의 도움에 의존하거나 기대지 않습니다. 세상에 버려진 미아迷兒 같은 존재들입니다.

작품《노인과 바다》에서 산티아고 노인은 거대한 마를린(돛새치과의 물고기)과 24시간의 사투 후에 "나는 신앙심이 없어. 성모 마리아보다는 우리 하나님 아버지가 말하기에 더 수월하지"라고 생각하면서 그냥 기계적으로 하늘에 도움을 청할 뿐입니다. 48시간 후에 그는 "이제 저놈이 너무나 멋있게 저에게 다가옵니다. 하나님, 제가 저놈과의 싸움을 해낼 수 있도록 도와주십시오. 나중에 우리 하나님 아버지를 백 번이나 부르겠으며 성모 마리아님도 백 번이나 부르겠습니다. 그러나 지금은 (싸움 중이라서) 말할 수 없습니다. (…) 나중에 말하겠습니다"라고 합니다.[1]

이것은 신의 능력을 믿지 않는 자의 말투죠. 노인은 무엇이 자신을 패배하게 했는가를 자문한 후 "아무것도 없어…. 내가 너무 멀리 갔었어"라

---

[1] 박승용,《인간의 심연(深淵)》, 조갑제닷컴, 2010

고 답합니다. 일종의 인지부조화이자 자기합리화입니다. 먹을 수 없는 포도에 대해, "저 포도는 신 포도일 거야"라고 체념하며 합리화하는 식이죠. 헤밍웨이에게 인간은 패배할 수밖에 없는 운명임을 알면서 회피하지 않고 대결하는 인물입니다. 상어와의 무망無望한 대결을 그저 감내하고 외롭게 싸울 뿐입니다. 그래서 비극적입니다. 정말 신의 바짓가랑이에 매달리는 심정으로 간절하게 싸웠다면, 버텼다면 자신에게 닥친 비극은 반전되지 않았을까요? 고통을 그저 되새김질하는 것에서 벗어나 새로운 시각에서 말이죠. 세계적으로 가장 공명이 잘 되는 명품 바이올린은 '무릎 꿇은 나무'로 만든 악기라고 합니다. 이 나무는 로키산맥의 해발 3000m 높이의 수목 한계선인 지대에서 자라는데 눈보라가 얼마나 심한지 생존을 위해 무릎 꿇고 사는 삶을 배웠다고 합니다. 얼마나 놀라운 반전인가요?[2]

'무릎 꿇은 나무'를 생각하니 정호승 시인의 〈나무에 대하여〉라는 시가 떠오릅니다. 시인은 곧은 나무보다 굽은 나무가 더 아름답고 더 사랑스러우며 함박눈도 더 많이 쌓인다고 말합니다. 고통의 무게를 견딜 줄 알기에 굽은 나무는 그림자가 구부러지는 것도 싫어하지 않아요. 눈에 보이는 것만이 전부가 아닙니다. 세속적인 편견, 고정관념에서 벗어나 그 너머에 존재하는 실체와 마주하고 사랑할 줄 알아야 합니다.

---

2 장영희, 《무릎 꿇은 나무》, 예수회 후원회, 2011.

나무에 대하여
나는 곧은 나무보다
굽은 나무가 더 아름답다
곧은 나무의 그림자보다
굽은 나무의 그림자가 더 사랑스럽다
함박눈도 곧은 나무보다
굽은 나무에 더 많이 쌓인다
그늘도 곧은 나무보다
굽은 나무에 더 그늘져
잠들고 싶은 사람들이 찾아와 잠이 든다
새들도 곧은 나뭇가지보다
굽은 나뭇가지에 더 많이 날아와 앉는다
곧은 나무는 자기의 그림자가
구부러지는 것을 싫어하나
고통의 무게를 견딜 줄 아는
굽은 나무는 자기의 그림자가
구부러지는 것을 싫어하지 않는다

정호승의 〈나무에 대하여〉(전문)

그의 별을 저항 안에만 가두어두지 마세요

우리가 학교 다닐 때 책에 줄 긋고 칠하면서 배운 시가 윤동주의 〈서시〉입니다.

'윤동주….' '저항시인….' '서시….' '죽는 날까지 하늘을 우러러 한 점 부끄럼 없기를….' 하며 줄줄줄 외웠죠. 이게 상표商標입니다. 영화사의 로고예요. 알맹이가 아닌 껍데기죠. 외우면 윤동주의 시를 알게 됩니까? 윤동주 저항시? 윤동주가 저항하는 거 봤어요? 다 선생님에게 들은 얘기지요. 이 시를 읽기도 전에 선생님이 알려준 거예요.

"윤동주는 저항시인이다. 이 시는 일제에 저항한 시다"라고 말한 뒤 시 읽기를 시작하지요.

"죽는 날까지 하늘을 우러러 한 점 부끄럼 없기를…."

'아! 죽는 날까지 일제에 저항하겠다는 다짐이구나' 하고 해석해가면서 읽는 거죠. 그렇게 하고 읽으면 이 시의 여러 군데가 걸려요.

윤동주 선생이 저항시인이 아니라는 얘기가 아닙니다. 그러나 저항시인이라는 선입견을 가지고 이 시를 보면 이 시의 진짜 값어치를 모르게 돼요. 다 일제에 저항하는 시로만 읽으니까, 이 시의 장치나 비유도 딱 그렇게 한정 짓게 되니까요.

만약 여러분이 이 시를 쓴 시인이 누구인지 모르고 선생에게 가르침도 받지 않고 그냥 날것인 채로 읽었을 때도 저항시라고 느껴질까요? 한번 해보세요.

저항시라는 말도 모르고 윤동주가 누구인지도 모르고 길을 걷는데 그냥 〈서시〉가 땅바닥에 떨어져 있기에 주워 읽었다 칩시다. 그런 마음으로 솔직하게 그냥 읽어보세요. 이 시만 읽어서 '아, 이분이 후쿠오카 감옥에서 생체실험 희생자로 돌아가시고, 그 집안도 다 기독교인인데다 독립운동을 하신 분들이지' 하고 느껴질까요?

　죽는 날까지 하늘을 우러러
　한 점 부끄럼 없기를
　잎새에 이는 바람에도
　나는 괴로워했다.
　별을 노래하는 마음으로
　모든 죽어가는 것을 사랑해야지
　그리고 나한테 주어진 길을 걸어가야겠다.

　오늘 밤에도 별이 바람에 스치운다.

　윤동주의 〈서시〉 전문

아무런 선입견 없이 이 시만 읽었을 때, 조선 독립을 위해서 싸우겠다는 마음이 느껴져요? 이 시를 저항시로 읽으려면 해석을 이렇게 해야 합니다.

- '죽는 날까지 하늘을 우러러 한 점 부끄럼이 없기를': 부끄럽지 않게 나는 친일파가 되지 않겠다. 일본놈 앞잡이를 절대 안 하겠다.
- '잎새에 이는 바람에도 나는 괴로워했다': 잎새라는 게 민초들이지. 바로 한국인이야. 이 시를 쓰고 있는 윤동주가 살고 있는 북간도로 쫓겨온 가난한 사람들이지. 이 사람들을 보니 일본 식민치하에서 사는 사람들이 너무너무 안 되어 보여서 윤동주가 괴로워하고 있네.
- '별을 노래하는 마음으로 모든 죽어가는 것을 사랑해야지': 조국 해방의 별, 우리의 별 그걸 위하여 너는 끝까지 일본 사람들에 의해 죽어가는 사람들을 사랑해야지. 우리 동포를 사랑해야지.
- '그리고 나한테 주어진 길을 걸어가야겠다': 일제에 저항하고 조선(한국)을 독립시켜서 이 가난하고 학대받고 어렵고 고난에 찬 민족을 구해야 되겠다. 그 길이 나에게 주어진 길이니 나는 오늘도 주어진 길을 걸어가야겠다. 끝!

자, 여러분은 저항시인 윤동주 시인의 저항시 한 편을 감상했어요.

　보세요, 그가 저 별과 함께 있습니다

　그런데 저항시인이라는 프레임을 제거하고, 시대상황도 배제하고 이 시를 읽으면 '모든 죽어가는 것들'에 예외가 있습니까? 일본 사람, 한국 사람의 구별이 있어요? 공자님이 말씀하신 대로 '나라'를 빼고, 이 시에서는 '노자'까지 나갔어요. '잎새에 이는 바람에도'이니까 '사람'까지 뺐잖아요.

'바람에'+'도'가 붙으니, '바람'은 물론이고 '사람'은 말할 것도 없죠. '잎새에 이는 바람에도 나는 괴로워했다.' 그러니 그게 일본인이든 중국인이든 한국인이든, 내 이웃을, 죽음의 운명을 타고난 인간을 윤동주는 사랑했어요. 태어나면서 사형선고를 받는 것이 사람이죠. 언제가 되었든 필연적으로 죽는 것이 인간이에요. 그런데 사람들은 죽을 줄 알면서도 버티고 싸우지요. 윤동주는 그 안에서 버티는 것이 아니라 하늘까지 올라갔어요. 하늘에 올라가면 별이 있습니다. 땅을 노래하는 마음이 아니라 별을 노래하는 거니까 벌써 그 안에 역사를 내재하고 있다는 말이지요. 역사를 포함하고 점점 위로 올라가면 땅이 보이고 지구가 보이고, 거기서 쭈욱 올라가서 별을 노래하는 겁니다. 하늘을 우러러보는 거죠.

그러니까 하늘까지 못 올라간 사람, 별을 모르는 사람은 풀잎에 이는 바람에도 괴로워할 리가 없어요.

'하늘을 우러러 한 점 부끄럼 없기를'이라는 말은 '현재 나 자신은 부끄러울 것이 전혀 없다, 나는 결백하다', 이런 의미라기보다는 '나는 그런 뜻을 가지고 있다'며 스스로에게 맹세하는 말이에요. 그렇게 살고 싶다고 소원하는 거죠.

3장 우리는 무엇을 기준으로 살고 있습니까

\# 사람이 가진 세 가지 양심

　　1967년 가수 윤복희 씨가 우리나라 최초로 미니스커트를 입고 나타났을 때 신문과 방송에서는 망신스럽다고 야단이 났어요. 결국 윤복희 씨는 미니스커트 때문에 울고 갔잖아요. 요즘은 그가 입었던 미니스커트는 오히려 얌전해 보일 정도인데 옛날엔 그 정도의 길이도 창피해했어요.

그러니까 부끄러움이라고 하는 것은 바로 문화입니다. 어느 문화에서는 부끄럽지 않은 것이 어느 문화에서는 부끄러운 것이 되지요. 또 남에 대해서는 부끄러운 것이 자기에 대해서는 조금도 부끄럽지 않은 경우도 있어요. 자기가 혼자 있을 때는 아무렇게나 해도 부끄럽지 않잖아요. 주말

오전에 늦잠 자고 일어나 한껏 흐트러진 모습도 혼자 있을 때는 부끄럽다고 생각하는 사람이 없지요. 그 모습을 누가 볼 수도 있다는 생각을 하면 그때부터는 부끄러워지지만. 또 남들은 모르는 나 혼자만의 부끄러움이 있어요. 자기 자신에 대한 부끄러움⋯. 이건 하늘에 대한 부끄러움이죠. 남들은 다 몰라도 하늘과 나만은 아는 그런 일들이 있으니까요. 이 부끄러움이 땅으로 내려오면 다시 남에 대한 부끄러움, 흔히 말하는 '쪽팔리는' 부끄러움으로 바뀌게 됩니다.

이제 우리는 세 가지 부끄러움을 배웠어요.

하늘이 나를 봤을 때의 부끄러움, 땅의 사람(법, 제도 등)이 나를 보았을 때의 부끄러움, 그리고 꽃과 같은 자연이 나를 보았을 때의 부끄러움이 있어요. 남이 보는 앞에서는 부끄러워서 옷을 못 벗는데, 집에서 기우는 반려동물 앞에서는 아무렇지도 않게 옷을 벗어요. 개에게, 탁자에 놓인 꽃한테 "저리 가, 고개 돌려"라는 말을 하지는 않잖아요.

부끄러움조차 '천지인'과 연관해 설명할 수 있는 거예요. 이러니 '천지인'이 기가 막힌 거죠.

안도현의 시 〈너에게 묻는다〉가 있습니다. 3행밖에 안 되는 짧은 시지요. 추운 겨울, 연탄은 방의 온기를 불어넣고 차가운 음식을 따스하게 덥혀 줍니다. 목숨이 다해 버려진 연탄재는 비록 아무짝에 쓸모없는 존재가 됐을망정 부끄러움이 없습니다. 세속의 눈으로 볼 때 연탄재는 더러움으로 비춰질 수 있어도 하늘 앞에서 연탄재는 떳떳합니다. 그래서 '하늘이 나를 봤을 때'의 시선으로 시인은 말합니다. "너는 누구에게 한 번이라도 뜨거운 사람이었느냐"고. 그러니 "연탄재 함부로 발로 차지 마라"고. 누군가의 등짝을 지글지글 덥혀주었을 연탄재의 사랑은 결코 부끄러움일 수 없습니다.

'부끄러움'을 생각하면 굴원 屈原(B.C. 343?~B.C. 277?)의 〈어부사 漁父辭〉한 대목이 떠오릅니다.

어느 해 굴원이 추방되어 얼굴빛이 핼쑥하고 몸은 마르고 생기가 없었습니다. 어부가 보고서 그에게 물었습니다.

"어찌하여 이 지경에 이르렀소?"

굴원이 대답하였습니다.

"세상이 온통 다 흐렸는데 나 혼자만이 맑고 擧世皆濁 我獨淸, 뭇사람이 다 취해 있는데 나만 홀로 깨어 있으므로 衆人皆醉 我獨醒 추방을 당하게 되었소."

어부는 말합니다.

"세상 사람이 다 흐려져 있거늘, 어찌하여 흙탕물 휘저어 그 물결을 날리지 않으며 뭇사람이 다 취해 있거늘, 어찌하여 그 찌꺼기를 씹고 그 밑술을 들이마시지 않고, 무엇 때문에 깊이 생각하고 고상하게 행동하여, 추방을 당하게 되었소?"

굴원이 대답하였습니다.

"새로 머리를 감은 사람은 반드시 갓을 털어 쓰고, 새로 몸을 씻은 사람은 반드시 옷을 털어 입는다고 하였소."

어부가 노를 두드리고 떠나가면서 노래하였습니다.

"창랑의 물이 맑으면 갓끈을 씻고 창랑의 물이 흐리면 내 발을 씻으리滄浪之水淸兮 可以濯吾纓 滄浪之水濁兮 可以濯吾足."

세상살이가 순조로울 순 없습니다. 잘해도 욕을 먹고, 못 하면 당연히 욕을 먹을 수밖에 없지요. 세상 흘러가는 대로 풍파와 부딪히며 살아가면서 싫어도 부대끼며 살고 좋으면 함께 어우러져 살아야 합니다. 상앗대를 쥐고 갓끈을 죄며 때로 물이 탁해도 갓끈을 씻었고 물이 맑아도 발을 씻으며 살아야 합니다. 그러나 남들이 손가락질해도 하늘 아래 부끄러운 짓은

하지 말아야 합니다.

\#   부끄러움으로 인간은 하늘 앞에 섭니다

    좀 더 '부끄러움'에 대해 이야기해볼게요.
그리스도교를 믿는 사람은 부끄러움을 '선악과善惡果'와 연관 지어 생각
할 수 있어요.
하느님이 남자와 여자를 창조했을 때 창세기 2장 25절은 이렇게 설명합
니다.

  사람과 그 아내는 둘 다 알몸이면서도 부끄러워하지 않았다.

그러나 하느님의 명령을 어기고 선악과를 먹은 뒤 어떻게 됐을까요? 창
세기 3장 7절입니다.

  자기들이 알몸인 것을 알고, 무화과나무 잎을 엮어서 두렁이를 만들어 입
  었다.

'무화과나무 잎을 엮었다'는 것은 알몸을 부끄러워했다는 말과 같아요.

이처럼 부끄러움은 인간의 원죄原罪에서 나왔다는 시각입니다. 이 부끄러움은 하늘(신) 앞에 감히 고개를 들 수 없는 인간의 타고난 죄인 것이죠. 부끄러움의 세 층위層位 중 첫 번째 '하늘이 나를 봤을 때의 부끄러움'입니다.

신기독愼其獨, 혹은 신독愼獨이란 말이 있습니다. 《대학大學》과 《중용中庸》에 나오는 말인데, '홀로 있을 때 삼가라'는 뜻입니다. 백범白凡 김구金九(1876~1949) 선생이 남긴 여러 유묵 가운데 '신기독'이란 글씨가 등록문화재(제442-2호)로 지정되어 있습니다. 김구가 집무실 벽에 '신기독'을 걸어놓았다고 합니다. 퇴계退溪 이황李滉(1501~1570) 선생 역시 '신독'이란 말을 따랐다고 합니다. 어느 더운 여름날, 퇴계가 의관을 정제하고 서책을 읽자 가족들이 편하게 옷을 갈아입으라고 권했다고 합니다. 그러나 퇴계는 "혼자 있어도 천 명 사이에 있는 것처럼 행동해야 한다"며 '신독'이라는 글귀를 남겼다는 일화가 있습니다.

\#   나와 하늘이 만나는 지점이 그곳입니다

《송사宋史》〈채원정전蔡元定傳〉에서는 '신독'을 이렇게 해석합니다.

밤길 홀로 걸을 때에도 그림자에 부끄러움이 없어야 하고, 홀로 잠잘 때에도
이불에 부끄러움이 없어야 한다獨行不愧影 獨寢不愧衾.

남이 보든 안 보든 스스로 삼간다는 이 신독 · 신기독은, '나와 하늘'이
서로 연결돼 있음을 뜻합니다.

'나(개인)와 사회', 다시 말해 '사회 법률 · 제도'가 나와 연결된 것이 아
니라 '나와 하늘'이 직접 연결돼 있습니다. '나와 하늘'이 주고받는 것이
지 중간에 '사회와 법률'이 개입할 순 없습니다. 그래서 다른 사람의 손가
락질을 받아도, 법을 어겨 혹독한 처벌을 받아도 '나와 하늘' 앞에 떳떳한
겁니다.

1984년 5월 교황 요한 바오로 2세가 방한해 시성식諡聖式을 직접 주재
하며 김대건金大建(1822~1846) 신부를 비롯해 가톨릭 복자 103위를 성
인聖人으로 품위를 올렸습니다. 또 지난 2014년 2월 '윤지충 바오로와
동료 123위'에게 시복諡福 결정을 내렸습니다.

한국의 신앙 선조들은 선교사나 사제, 수도자의 가르침을 통해 신앙을 받
아들이지 않았습니다. '나와 하늘'이 바로 연결된 경우가 아닐까요? 무엇
이 그들로 하여금 죽음까지 불사해가며 믿음을 지키게 했을까요?

조선 왕조가 자행한 전근대적 사상 통제와 신분제적 사회질서에 대한 저
항이었을지 몰라도 보다 높은 차원의 선택이었음을 짐작할 수 있습니다.
망해가는 조선을 위해 목숨을 내놓았을 근거가 부족합니다. 어쩌면 그들

의 죽음은 인간의 양심과 인격에 대한 깨달음의 표현이 아니었을까요? '순교자의 죽음은 역사 발전 과정에서 출현한 사상과 양심의 자유에 대한 갈망의 결과'(한국천주교주교회의 · 한국천주교중앙협의회)라는 평가도 있습니다. 이때 양심은 '나와 하늘'이 바로 만나는 지점입니다.

\#   자신의 양심에 비추어 아닌 것은 아니라고 말합시다

이 책을 읽는 여러분이 종교를 믿지 않는다면, 부끄러움은 개인의 양심良心 문제일 수도 있어요. 두 번째 '땅의 사람(법, 제도 등)이 나를 보았을 때의 부끄러움' 말입니다.
네이버 국어사전에서 '양심'을 찾아보면 이렇게 정의되어 있어요.

도덕적인 가치를 판단하여 옳고 그름, 선과 악을 깨달아 바르게 행하려는 의식.

《철학사전》(중원문화 刊)에서 '양심'을 다시 찾아보았습니다.

인간이 사회에서 자신의 행위에 대하여 도덕적인 책임을 생각하는 감정상의 느낌을 말한다.

어떤 선택을 하고 결정에 책임을 지는 과정에서 '양심에 어긋나면' 혹은 '도덕적인 책임감을 느끼면' 부끄러움을 느끼게 됩니다. 어떤 이는 아무리 인적이 드문 거리라도 함부로 무단횡단하지 않습니다. 지나는 차도 없고 횡단보도가 멀어도 그는 도로교통법을 철저히 지킵니다.

그런데 이 양심이 형성된 과정을 추적하면 조금 복잡해집니다. 저 유명한 에리히 프롬Erich Pinchas Fromm(1900~1980)의《자유로부터의 도피》를 떠올려 보세요. 어떤 이는 자신의 양심에 따른 결정에 불안감과 공포를 느낍니다. 스스로 선택한 삶의 원칙(양심)을 따르지 못하고 외부의 '신화'와 '우상'을 섬깁니다. (신화와 우상에서 벗어나지 못하고 독립적인 인간이기를 포기하는 심리 상태를 '자유로부터의 도피'라고 하지요.)

부끄러움을 느끼게 하는 양심의 실체는, 내면의 성찰과 비판을 거쳐 스스로 삶의 의미를 부여하는 과정에서 생긴 것이어야 합니다. 남이 만든 도덕률 혹은 윤리적 외부 준거準據나 틀에 맞추고, 맞춰가는 행위를 '양심에 따른다'고 착각합니다. 사회적인 법과 제도, 도덕률이 절대적인 양심이 될 순 없습니다.

아무리 사회제도가 허용한다고 해도, 내 양심에 비춰 아니라고 느끼면 그것은 아닌 것입니다. 미국 사상가 헨리 소로Henry D. Thoreau(1817~1862)가 말하는 시민 불복종 운동Civil Disobedience Movement 같은 것이죠.

일제강점기 독립투사들이 조선총독부의 혹독한 법과 제도를 알면서도 목숨을 걸 수 있었던 것은 오로지 양심 때문이었어요. 그래서 모진 고문을 겪고도 이겨낼 수 있었던 것입니다.

세월이 흘러 그토록 믿어왔던 도덕률이 악법으로 바뀔 경우 양심은 큰 혼란에 빠져버리고 맙니다. 그렇기에 양심은 세상에서 평가하는, 옳고 그른 것을 초월해야 하지 않을까요? 그래야 바람이 불어도, 권력이 바뀌어도 자신을 지켜나갈 수 있으니까요.

그런데 사람마다 양심, 풀이하자면 자긍심, 수치심, 그리고 죄책감 같은 정서들은 천차만별입니다. 부모의 양육 태도가 '부끄러움'과 '뻔뻔함'을 결정한다고 단정할 수도 없습니다. 브로디와 셰퍼의 연구(1982)에 따르면 위협적이고 처벌적인 부모들이 도덕적으로 성숙한 자녀들을 양육하게 되는 것은 아니라고 합니다. 이와 정반대로 가혹한 형태의 훈육에 의존하는 부모들은 종종 부적절한 행동을 하고 죄책감, 양심의 가책, 수치심, 혹은 자기비판을 거의 나타내지 않는 자녀들을 갖게 되는 경향이 있다고 해요. 아이들을 부모가 의도하는 방향으로 얼마든지 변화시킬 수 있다는 '교육 만능론'은 전혀 신뢰할 것이 못 됩니다.

어쨌든, 각 개인이 태어나고 자라난 환경, 부모의 양육 방식이 다르듯 저마다 부끄러움을 느끼는 정서상의 반응, 즉 양심도 다릅니다.

십자가 앞에 바로 선 여인 – 소설《주홍글씨》

너새니얼 호손^{Nathaniel Hawthorne}(1804~1864)의 소설《주홍글씨
The Scarlet Letter》는 죄에 대한, 인간의 부끄러움에 대한 이야기입니다. 법이나
사회제도가 만든 부끄러움은 어쩌면 부끄러움이 아닐 수 있겠다는 생각
을 이 소설을 통해 하게 됩니다.

소설은 첫 장면부터 충격적입니다. 간통죄로 복역하던 헤스터 프린이 감
옥에서 이끌려 교수대에 오르는 장면으로 시작됩니다. 헤스터는 3개월
된 아기를 가슴에 안고 있습니다. 그녀의 가슴에는 'A'라는 붉은 글씨가
새겨져 있어요. A는 간통^{adultery}을 뜻하는 단어의 머리글자지요. 소설에서
는 'A'가 무엇을 의미하는지 명시적으로 언급하지는 않습니다. 헤스터는
군중 앞에서 3시간 동안 '전시된' 후에 죽을 때까지 그 주홍글씨를 가슴
에 달고 살아야 하는 형벌을 받아요.

헤스터가 교수대 위에서 아래를 내려다봅니다. 손가락질하며 야유를 퍼
붓는 군중들이 보이고 매사추세츠 식민지의 지도층 인사들도 보입니다.
군중 속 여성들은 그녀의 아름다움과 조용한 위엄에 더욱 분노하죠.
그들 가운데 윌슨 목사, 딤즈데일 목사가 보입니다. 주지사와 윌슨 목사가
"아기의 아버지가 누구인지를 밝히라"고 다그치지만 헤스터는 단호하게 거
절합니다. 깊은 학식과 높은 덕망으로 유명한 젊은 목사 딤즈데일이 우수에
찬 목소리로 간곡하게 권유합니다. "불륜을 저지른 연인의 실체가 누구냐"고.

군중 속에 그녀의 남편 칠링워스도 있습니다. 그는 헤스터와 눈이 마주치자 집게손가락을 입술에 대면서 자신의 신분을 밝히지 못하게 하였습니다. 늙은 의학자 칠링워스는 영국에서 미국으로 오는 도중 배가 난파당해 1년 가까이 행방을 몰랐습니다. 나중에 감옥에 찾아와 헤스터에게 간통 상대를 실토하라고 집요하게 다그치지만 끝내 거절합니다. 자기는 부정한 여자의 남편이라는 소리를 듣고 싶지 않다며 자기가 남편이란 것을 비밀로 할 것을 맹세하게 하고선 "만약 당신이 맹세를 깨뜨리면 그놈의 명성과 그놈의 지위와 그놈의 목숨은 끝장날 것"이라고 위협하죠.

그런데 아기의 아버지는 딤즈데일 목사였습니다. 딤즈데일은 가슴에 'A'라는 문신을 새긴 채 살아갑니다. 숨겨둔 죄로 인해, 그 죄를 공개적으로 참회하지 못하는 비겁함 때문에, 그리고 교묘하게 그의 양심을 씨브고 죄의식을 증폭시키는 칠링워스의 간악한 계략에 의해 극도로 쇠약해져 갑니다. 아내의 간통 상대가 누구인지를 칠링워스가 알아차린 것이었죠.

7년이 흐른 뒤 헤스터는 자비로운 수녀가 되어 살아갑니다. 하루하루를 고통스럽게 살아야 했지만 가난한 이와 병자를 위한 봉사와 희생의 삶을 살았던 거죠. 사람들은 더는 주홍글씨를 비난하지 않았죠. 수치와 죄악의 징표가 아니라 '여성의 힘'을 상징하는 에이블^{Able}의 'A'로 바라봅니다. 헤스터의 주홍글씨 'A'는 사람들에게 '십자가'와 같은 상징이 되었지요. 점점 병약해진 딤즈데일은 자신의 가슴에 새겨진 '진짜' 주홍글씨를 사람들에게 보여주며 헤스터의 팔에 안겨 죽습니다. 인간의 약함이나 인격의 비극적 불완전함이 죄가 아니라 어쩌면 결정론적 사회환경이 '주홍글 씨'의 비극을 초래한 것이 아니냐는 것을 이 소설은 보여줍니다. 소설 배경에는 청교도 교리의 경직된 전통 때문에 인간 운명이 패배에 처해진다는 가정을 담고 있지만 죄, 혹은 부끄러움을 뛰어넘는 인간의 의지를 보여줍니다. 비록 죄를 지었을망정 헤스터처럼 부끄러움이 없이 살기 위해선 어떻게 살아야 할까요? 죄를 고백하지 못한 딤즈데일의 고통이 얼마나 컸을지 짐작하고 남습니다. 그러나 대개의 사람은 칠링워스처럼 자신의 죄를 보지 못한 채 타인의 허물과 이웃의 죄에 분노하며 저주합니다.[1] 다음은 소설 속 딤즈데일의 말입니다. ▶복수와 관련한 두 이야기

"그(칠링워스)는 인간의 존엄성the sanctity of a human heart을 냉혹하게 파괴해 버렸어요. 당신과 나는 절대 그런 짓은 하지 않았습니다."

복수와 관련한 두 이야기

영화 〈레버넌트: 죽음에서 돌아온 자〉(2015)는 사냥꾼 휴 글래스(리어나도 디캐프리오)의 복수극입니다. 휴 글래스는 거대한 야생 곰에게 일격을 당해 큰 부상을 입게 되는데 비정한 동료 피츠제럴드(톰 하디)는 인디언의 추격과 돈에 눈이 멀어 휴

---

1   박승용, 《인간의 심연》, 조갑제닷컴, 2010.

의 아들을 죽이고 그 또한 땅속에 묻고 떠납니다. 휴는 구사일생으로 살아나 처절한 복수를 완성하지요. 이런 경우 어떤 사람은 '복수하라'고 양심에 명령을 내리지만, 어떤 이는 '어떤 일이 있어도 살인만은 하지 말라'고 명령하기도 합니다. 셰익스피어의《햄릿》도 양심의 문제를 다루고 있어요. 덴마크의 왕이 갑자기 서거하자, 동생 '클로디어스'가 왕위에 오릅니다. 심지어 선왕先王의 아내와 재혼까지 합니다. 아버지의 죽음으로 괴로운 시간을 보내던 '햄릿' 왕자. 그는 어느 날 아버지의 망령亡靈에게서 자신이 동생 클로디어스에 의해 독살되었다는 이야기를 듣게 됩니다. 햄릿은 숙부 클로디어스를 죽이지 못해 양심상 괴로워합니다. 그러나 극劇과 똑같은 상황에 직면한 다른 사람은 숙부를 죽여서 살인에 대한 죄책감으로 괴로워할지 모릅니다. 참 복잡하고 어렵습니다.

프로이트의 정신 분석학에서 '부끄러움'은, 본능적인 욕구들의 즉각적인 만족을 추구하는 원초아Id, 이러한 욕구들에 대해 현실적인 계획들을 세워 대응하는 합리적인 자아Ego보다는 도덕적인 초자아Super Ego와 가깝습니다.

초자아는 양심과 비슷합니다. 초자아가 생겨나면 아동은 자신의 행위에 자긍심을 느끼고, 반면 도덕적으로 위반한 행동에 대해서는 죄책감 혹은 수치심을 느끼도록 만드는 '내부의 감시자Internal Sensor'를 갖게 됩니다.

그러나 프로이트의 초자아 이론은 현대 심리학에서 많은 공격을 받습니다. 초자아가 아동들이 이성의 부모에 대한 근친상간의 욕망 같은 정서적인 갈등을 경험하는 남근기(3~6세)에 주로 발달한다는 주장도 요즘 거의 지지를 받지 못하고 있어요.

4장   신도 짐승도 아닌 사이에서

\#   〈서시〉를 읽는 세 가지 방법

다시 윤동주의 〈서시〉로 돌아가 세 가지 층위의 부끄러움에 관해 분석해보겠습니다. 앞서 '하늘이 나를 봤을 때' '땅의 사람이 나를 보았을 때' '자연이 나를 보았을 때'의 부끄러움을 말했어요.

〈서시〉를 일제에 대한 저항시라고 했을 때는 이 시를 정치적 레벨에서 읽은 것입니다. 국가 간의 정치 속에서 이 시를 읽을 수 있어요.

국가의 개념을 털어내고 인간 레벨의 문제로만 읽었을 때는 휴머니즘으로 읽을 수 있습니다. 그다음으로는 종교적, 초월적 하늘의 레벨에서 읽을 수 있습니다.

해서 〈서시〉는 저항시(정치), 인간주의시(휴머니즘), 종교시 이렇게 3개 층

위로 읽을 수 있지만 전체적인 뜻은 천지인입니다. 일제에 저항하는 민족 애民族愛, 인간애人間愛, 우주애宇宙愛 말이죠. 이처럼 하늘, 땅, 사람으로 나눠놓으면 놀랍게도 이 시가 금세 보입니다.

하늘에는 별이 있어요. 땅에는 잎새가 있지요. 먼저 하늘의 별은 바람이 불어도 끄떡없어요. 그러나 땅의 풀잎과 같은 잎새는 바람이 불면 흔들려요. 잎은 떨어지면 쉽게 죽습니다. 그러니 잎새는 모든 죽어가는 것의 상징이지요. 별은 죽음을 초월한 것이에요. 죽지 않습니다.

셰익스피어의 희곡에 나오는 말이에요.

"오, 폭풍이 불어도 끄떡없는 별아."

태풍 속에서 배를 타고 노 젓는 사람들은 별을 보고 항해를 합니다. 그 별이 우리나라로 오면 북극성, 북두칠성이 됩니다. 그래서 모든 생명이 북두칠성에서 온 것이에요. 저 삼라에서 온 것입니다.

그러니 우리가 누워서 '별 하나 나 하나, 별 둘 나 둘' 하는 것은, '죽는 나와 영원히 죽지 않는 저 하늘나라에서 온 내가 있다'는 말입니다. 나는 땅에서는 죽어야 하는 유한한 존재이기 때문에 슬프지만 별과 나를 동일시 Identify 해서 별의 생명이 되었을 때는 죽지 않고 영원히 살 수 있는 것이지요. 사실은 슬픈 얘기예요.

'죽는 날까지 하늘을 우러러 / 한 점 부끄럼 없기를' 바라는 마음의 기저에는 '나 — 하늘'이 직접 연결돼 있음을 알 수 있습니다.

그러나 하늘과 연결된 지상의 인간들은 사랑을 해도 뭘 해도 다 죽지만 별은 영원히 죽지 않습니다. 그러니까 '별을 노래하는 마음으로 모든 죽어가는 것을 사랑해야지'라고 했을 때, 내 마음속 심리적인 부끄러움이나 괴로움을 별을 노래하는 마음으로 극복한다는 이야기입니다. 별을 노래하는 마음은 시인의 마음이죠. 정치인이나 종교인의 마음이 아니라 시인이니까 윤동주는 하늘의 별을 노래하지 스스로 하늘의 별이 되지는 않았어요. 그러니까 다시 천지인으로 돌아옵니다.

제일 높은 곳에 '별'이 있고, 가장 아래에 '잎새'가 있고 그 사이에 '내(사람)'가 있습니다. 위를 보고, 아래를 보고, 다시 시인으로 돌아오는 것이지요.

마지막 순간에 인간은 하늘을 올려다봅니다

사형수가 되어 절망에 빠져 죽음을 마주했던 도스토옙스키 (1821~1881) 얘기를 해볼까요?

1840년대 후반 28살의 도스토옙스키는 유토피아 사회주의자가 됩니다. 그의 아버지는 모스크바 빈민 구제원 같은 곳의 의사였다고 해요. 늘 병들고 가난한 자들을 곁에서 볼 수 있었던 거지요. 황제의 전제 통치가 강화되자 불온사상을 유포했다고 체포되어 사형선고를 받습니다.

1849년 12월 22일 새벽 도스토옙스키는 다른 사형수들과 함께 형장에 끌려갑니다. 죽음이 코앞에 다가왔음을 느꼈겠지요. 총알이 발사되려는 찰나, 형 집행이 유예됩니다. 극적이라고 할 수밖에 없지요. 그런 그에게 시베리아 유형이 내려집니다. 옴스크의 유형수 부대에서 족쇄를 찬 채 흉악범 사형수들과 4년을 보냈다고 해요.

그러나 이미 코앞의 죽음을 목도한 도스토옙스키는 "생生은 선물"이라고 생각하며 살았다는 기록이 있어요. 신의 현존을 느꼈고, 하느님이 파수꾼으로 지켜보고 계신다고 생각했을지도 모릅니다. 만약 그가 신앙을 가졌다면 수도승의 아버지로 꼽히는 은수자隱修者 안토니우스(251~356)가 한 말을 떠올렸을 겁니다.

"마치 오늘이 마지막 날인 듯 사시오."

도스토옙스키가 사형 5분 전에 쓴 글을 봐요. 사형수한테는 쓰레기도 아름답게 보인다고 합니다. 다시는 못 보니까. 날아다니는 새, 늘 보는 새가 뭐가 신기한가요? 하지만 다시는 저 새를, 저 나는 새를 못 본다고 생각하면 달라지지요. 내 집 앞마당에 부는 바람이 모공 하나하나까지 스쳐갑니다. 내가 곧 죽는다고 생각하면 코끝의 바람 한 줄기도 허투루 마실 수 없는 것이지요. 그래서 사형수는 다 착하게 죽는 겁니다. 마지막이니까.

도스토옙스키의 소설 《카라마조프가의 형제들》에 나오는 이 대사가 생각 납니다. 소설 속 스타레츠 조시마의 말을 통해 도스토옙스키의 육성을 들 을 수 있지요.

"나는 매일 해가 떠오르는 것을 축복한다. (…) 그러나 나는 일몰을 더 사랑 할 준비를 하고 있다. (…) 내 삶이 곧 끝날 것임을 알고 듣고 있다. 그러 나 남아 있는 날마다 지상의 삶이 새롭고, 무한하고, 알 수 없는, 그러나 가까 이 다가와 있는 다음의 삶과 연결되어 있음을 느낀다. 그 가까움이 내 영혼을 기쁨으로 전율케 하고, 정신을 비추고, 마음에 행복한 눈물을 흘리게 한다."

이 독백 속에 도스토옙스키가 말하는 "생의 선물"이 담겨 있음을 우리는 알 수 있지요.

사형수들은 형장에서 죽기 전에 예외 없이 하늘 한 번 쳐다보고, 땅 한 번 쳐다보고 죽는다고 합니다. 마지막까지도 하늘과 땅을 보고 죽어요. 그러 니까 하늘과 땅 사이에 인간의 눈이 그렇게 아름다운 것입니다. 사형수의 눈이라도 아름다워요. 하늘을 보고 땅을 보니까 말이죠. 짐승들은 땅밖에 보지 못합니다. 짐승들은 부끄러움을 몰라요.

하지만 인간은 비록 불완전하고 땅에서 죄를 짓고 살지만 하늘을 볼 수 있기에 부끄러움을 압니다. 죄를 짓고 경찰서에 끌려온 사람들, 부끄러움 을 알기 때문에 하나같이 모자를 눌러쓰거나 옷을 뒤집어쓰고 손바닥으로 얼굴을 가립니다. 그 모습을 보면 마음이 놓입니다. 죄를 짓고 끌려왔지만 너도 인간이구나, 하는 안도감이지요.

함께 죄를 지은 무리가 저희끼리는 막 부끄럽게 다녀도 끄떡없었어요. 그런데 잡혀 온 순간 하늘을 보는 겁니다. 하늘을 보니 스스로 부끄러운 거예요. 사형수들이 죽기 전에 하늘을 한 번 쳐다보는 것도 마찬가지입니다.

신도 짐승도 아닌 사이에서

인간의 마음속에는 땅의 마음만이 아니라 하늘의 마음이 있고 인간의 마음이 있습니다. 그런 말을 하죠.

"어떻게 사람이 그럴 수가 있냐. 너도 사람이냐?"고 할 때는 '그 말을 듣는 너라는 상대가 짐승보다 못하다'는 비난입니다. 그런데 "나도 사람이야" 할 때는 실수할 수 있고 완벽할 수 없는, 신이 아닌 인간이라는 뜻이에요. 신처럼 완벽할 수는 없지만 짐승은 아니지요. 지금 '사람'은 신과 짐승의 사이에 있습니다.

사람은 신으로 상승할 수도, 짐승으로 추락할 수도 있습니다. 거기에는 다 이유가 있고 심리학적으로도 어느 정도 설명할 수 있지요. 사람은 나름의 전략을 가지고 판단하고 행동합니다. 그 전략은 실패할 수도, 성공할 수도 있어요. 그런데 몇몇 사람은 일부로 실패를 택해 스스로를 망칩니다. 이런 경우를 '자기장애Self Handicapping' 행동전략이라고 해요.

UC 버클리의 마틴 코빙턴Martin V. Covington(1938~2018) 교수에 따르면 일부 학생은 미리미리 예습과 복습을 하지 않고 시험 치는 당일까지 공부를 미루다 결국 실력을 발휘하지 못하고 시험을 망친다는 것입니다.

왜 이런 행동을 할까요? 시험공부를 미룸으로써 시험에 실패했을 때 그들의 실패를 능력이 아닌 노력이 부족한 탓으로 돌리면서 자신을 보호한다는 것입니다. 또한 시험공부를 열심히 하지 않았는데도 우연히 '잘 찍어서' 시험을 잘 쳤다면, 자신이 높은 능력을 가지고 있다고 헛된 자부심을 가질 수 있기 때문입니다. 잘 되면 내 탓, 못 되면 네 탓을 하려는 심리 기제를 말합니다.

그러나 이러한 자기장애 전략을 계속 쓰면 궁극적으로 실패에 이르게 됩니다. 계속된 실패가 누적되면 '학습된 무기력Learned Helplessness' 상태에 빠지게 됩니다. 학습된 무기력이란 너무 많은 실패로 무기력이 몸에 밴 경우를 뜻하지요.

실패에 익숙한 이들은 실력으로 성과를 내도 운이 좋았다고 여깁니다. 그리곤 아무리 연습이나 노력을 해도 성적을 올릴 수 없다고 스스로를 책망합니다. 결국 성취기대가 점점 낮아지고, 실패를 견뎌낼 인내심도 부족해져요.

학습된 무기력은 주로 자존감이 낮은 이들에게서 발견되지만 몇몇은 뛰어난 재능을 가진 이들에게 나타납니다. 주위의 높은 기대수준 때문에 그

기대수준에 도달할 자신이 없다고 여겨져 압박감이 심해지면 무력감에 빠집니다.

이런 무기력 현상은 '실패회피형 Failure-Avoiding' 인간, '실패수용형 Failure-Accepting' 인간에게 생겨납니다. 실패회피형은 글자 그대로 실패를 피하는 타입을 말합니다. 실패를 피하기 위해 낮은 단계의 성공에 만족하며 새로운 도전을 멀리하지요. 어떤 프로젝트나 과업을 수행할 때 수준 낮은 과업만 반복해서 하고는 스스로 잘했다고 큰소리칩니다. 그러나 얼마 안 가 자신이 무능하다고 결론짓습니다. 점점 실패를 수용하면서부터 패배 의식에 사로잡히죠.

가장 바람직한 타입인 '숙달지향형 Mastery-Oriented' 인간은 성취에 가치를 부여하고 자신의 능력을 계속 증가시킬 수 있다고 생각합니다. 실패해도 두려워하지 않으며 적당히 어려운 목표를 세우되 실패를 건설적으로 적응한다는 특징도 보입니다.

\#   윤동주의 눈은 그래서 아름답습니다.

        인간은 하늘天과 땅地 사이에 있기 때문에 하늘을 볼 때는 신을 향하고 땅을 볼 때는 짐승을 향합니다. 그래서 그사이에 있는 인간의 눈이 아름다운 것입니다. 윤동주의 눈이 그래서 아름다워요. 하늘을 우러러 부끄러움이 없기를 맹세하는 사람이니까 사랑해야지, 영원히 미래를 향해서 사랑해야지, 라고 말하고 있기 때문에 이 시가 이렇게 아름다운 겁니다.

제일 마지막 줄을 볼까요?

　오늘 밤에도 별이 바람에 스치운다.

이 시에서 바람이 두 번 나옵니다. 처음에는 '잎새에 이는 바람'인데, 그 바람이 지금은 '하늘의 별에 스치고' 있어요. 모든 것을 시들게 하고 죽게 하는 바람은 시간이죠. 그 시간이 별에 스치면 영원까지 갑니다. 그러니 윤동주가 '나는 나에게 주어진 길을 걸어가야겠다'라고 말할 때의 그 길은 풀잎에서부터 별까지 가는 것이지요. 바람을 따라서, 잎새에 이는 땅의 바람에, 저 허공에 부는 바람까지 뻗쳐서 별까지 가는 그 과정의 길입니다. 부끄러움이 없는 길이지요.

3부 | 별을 노래하는 마음

어둠이 깊어질수록 별은 더욱 빛납니다

하늘과 땅 사이에 길이 있습니다. 무슨 그런 길이 다 있냐고요?
당연히 있지요. 눈에 안 보일 뿐 마음의 눈으로 보면 누구나 길을 그릴 수 있지요.
과학적으로도 설명할 수 있어요.
하늘에서 떨어지는 별똥별은 포물선을 그리며 낙하한다고 해요.
밤하늘에 별똥별이 휙 나타났다가 떨어지는 찰나에
진심을 다해 소원을 빌었던 기억이 누구나 한 번쯤은 있을 겁니다.
그러고 보면 혜성도 태양을 중심으로 포물선의 궤도로 움직이고 있어요.
하늘과 땅 사이에 다양한 형태의 길을 꿈꿀 수 있겠지만
하늘의 길은 어쩌면 포물선 형태가 될 것입니다.
그것이 땅에서 하늘로 향하든, 하늘에서 땅으로 향하든 마찬가지가 아닐까요?

1장   꿈은 연처럼 곡선을 그립니다

\#   연의 포물선

　　땅에서 얼레를 들고 있는 아이와 하늘에 떠 있는 연 사이에 있는 실이 그려내는 선이 포물선입니다. 이 포물선을 이야기하기 전에, 아이들은 그 추운 날 왜 그렇게 덜덜 떨면서도 밖에 나가 연을 날렸을까요? 지금 어른들이 로켓과 비행기 같은 것을 만들어서 하늘로 가고 싶어 하는 그 마음과 하늘로 연과 종이비행기를 날리는 아이들의 마음은 같습니다. 이 연은 비행기의 모델이에요.

연을 날려본 사람들은 알겠지만, 연이라는 게 떨어지기 쉬워요. 전선줄에 걸리고 나뭇가지에 걸려 추락할 때의 좌절감은 참 크죠. 내 연이 높이 높이 날았으면 좋겠는데 반드시 떨어져요.

연을 바람에 실어 날려 보낼 때, 연은 하늘로 날아오르려고 하지만 동시에 끝없이 떨어지려고도 하지요. 하늘로 날아가고 싶은 마음과 땅으로 끌어당기는 중력, 그 두 개의 마음이 윤동주 시인에게도 있잖아요. '별을 노래하는 마음'과 '모든 죽어가는 것을 사랑하는 마음'처럼요.

'모든 죽어가는 것'은 현실에서의 괴로움이고, '별을 노래하는 것'은 이상과 꿈입니다. 그러니 끝없이 가벼워져서 별까지 올라가는 마음과 땅의 죽어가는 것들을 사랑하는 데서 오는 괴로움, 미움, 현실에서의 어려움이 하늘로 날아가는 연과 얼레를 잡고 있는 아이 사이의 긴장감 있는 포물선으로 자리 잡는 것입니다. ▶괴테가 그린 포물선

괴테가 그린 포물선

포물선의 긴장을 생각하자니, 《젊은 베르테르의 슬픔》으로 유명한 괴테Johann Wolfgang von Goethe(1749~1832)의 《파우스트》에 나오는 "내 속에 두 개의 영靈이 있다"는 문장이 떠오릅니다. 하나의 영은 관능, 다른 하나의 영은 숭고한 정신세계입니다. 이 둘이 서로 싸운다고 괴테는 바라봤죠.

내 속에는 두 개의 영이 사는데 영원히 그들은 서로 싸우려 한다. 하나는 애욕에 사로잡혀 악착스런 관능으로 세상을 붙잡으려 하고, 또 하나는 과감히 이 티끌 같은 세상을 떠나 위대한 선인들의 숭고한 정신세계로 오르려고 한다.

괴테는 두 개 영의 팽팽한 긴장 상태에서 살면서 생을 멋지게 완성할 수 있었는데, 이 팽팽함의 모양이 상승의 포물선이 아니었을까요?《파우스트》2부는 그가 세상을 떠나기 한 해 전에 완성했어요. 평생에 걸친 인생 여정을 담았다고 할 수 있어요. 1부는 노년기가 막 시작되는 60세가 다 되어 발표했지요.

어쩌면 '밀고 당기는 팽팽한 긴장의 상태'는 줄탁동시啐啄同時의 상태라는 생각도 듭니다. 병아리가 알에서 깨어나기 위해서는 어미 닭이 밖에서 쪼고 병아리가 안에서 쪼는 과정을 거치며 거룩한 생명체로 태어날 수 있습니다. 헤르만 헤세Hermann Hesse(1877~1962)는《데미안》에서 이렇게 말했습니다.

새는 알에서 나오려고 투쟁한다. 알은 새의 세계이다. 태어나려고 하는 자는 하나의 세계를 깨뜨려야 한다.

\#   맹세 안에는 운명이 숨겨져 있습니다

다시 윤동주로 돌아가서 이렇게 맹세하고, 다짐하고, 소원한다는 건 돌이켜 말하면 죽는 날까지 부끄럼 없이 살고 싶은데 그게 자신이 없다는 말이기도 해요. 자신이 없으니 또 한 번 맹세하고 다짐하는 거죠. 앞에서 김소월의 〈진달래꽃〉을 이야기하면서 시제를 잘못 읽으면 시의 본래 뜻을 모르고 착각하게 된다고 했지요? 그런데 〈서시〉의 이 부분은 한국어의 특성상 서술어를 생략하면서 시제가 동시에 생략되어 있어요. 보세요. "하늘을 우러러 한 점 부끄럼 없기를" 하고 서술어 대신 말줄임표 (…)를 썼어요. 이건 읽는 사람이 서술부의 시제를 무엇으로 넣어 읽느냐에 따라 이 문장을 과거로도 현재로도 미래로도 읽을 수 있다는 거지요. 한 번 해볼까요?

하늘을 우러러 한 점 부끄러움이 없기를 '맹세했다'라고 읽으면 과거에 맹세한 것이지요. 하늘을 우러러 한 점 부끄러움이 없기를 '맹세한다'라고 읽으면 지금 현재에 내가 맹세하고 있는 것이에요. 하늘을 우러러 한 점 부끄러움이 없기를 '맹세할 것이다'라고 읽으면 미래에 그리 맹세할 것이라는 다짐이 됩니다. 과거, 현재, 미래에도, 하늘을 우러러 부끄럼이 없다는 이야기예요. 부끄럽지 않게 살았고, 살고 있고, 살 것이라는 말이지요.

윤동주의 〈서시〉를 깊이 음미하니 로맹 롤랑Romain Rolland(1866~1944)의 〈창문窓門을 열어라〉는 글이 떠오릅니다. 롤랑은 이 세상이 "약삭빠른 이기주의 속에 질식당하고 있다"고 개탄하면서 "인생은 장미꽃이 깔린 평탄한 길이 아니다"고 하였지요. 롤랑의 문장을 함께 음미해 볼까요?

인생은 장미꽃이 깔린 평탄한 길이 아니다. 그것은 타락의 유혹에 굴복하지 않는 사람들이 매일같이 계속하는 전투이다. 그 전투는 주로 적막과 침묵 속에서 진행되고 있다.

나는 지식이나 힘으로 공을 세워 자랑으로 여기는 사람들을 영웅이라고는 부르지 않는다. 그 심정心情에 있어 참으로 위대했던 사람만을 가리켜 영웅이라고 부른다.

가라, 그리고 죽으라. 반드시 죽을 운명을 타고난 그대들이여!

가라, 그리고 괴로워하라. 반드시 괴로움을 겪어야 할 그대들이여!

산다는 것은 행복하기 위해서가 아니다. 나의 할 바를 다하기 위해서다. 괴로워하라, 죽으라, 그러나 그대가 마땅히 되어야 할 그런 인간이 되라. 한 사람의 인간이 되라.

로맹 롤랑이 쓴 《베토벤의 생애》 서문에는 이런 문장도 나옵니다. 롤랑의 말 속에서 윤동주의 삶을 더듬어 보면 어떨까요?

위대한 예술가도 위대한 행동가도 있을 수 없다. 거기에는 비굴한 사람들이 우러러보는 공허한 우상偶像이 있을 뿐이다. 내가 이야기하려고 하는 인물들은, 의례히 긴 수난受難을 겪었다. 비극적인 운명이, 그들의 영혼을 온갖 고통과 비참으로 단련을 했다. 몸과 마음이 찢기는 모진 시련을 그날그날의 양식 먹듯 했다. 그들의 힘이 위대했다고 하면, 그것은 동시에 불행에 의해서 위대했던 것을 의미한다.

\#   정해진 운명을 거부하는 아름다움

아이가 연을 날릴 때, 하늘을 나는 연과 얼레를 잡고 있는 아이 사이에, 올라가려는 것과 내려오려는 것 사이에는 반드시 포물선이 그려집니다. 그 직선이 아닌 곡선이 아름다워요. 우리나라의 기본은 이러한 포물선으로 이루어집니다. 달리 말하면 역설逆說이지요. 하늘로 올라가려 하는 가벼움과 끝없이 지구가 끌어당기는 중력이 팽팽하게 긴장을 이루며 남기는, 완만한 한 줄의 흔적.

그러니 이 포물선은 아름답지요.

운명으로 주어진 길을 걸어가는데 그 운명의 끝에는 죽음이 있습니다. 이 길은 나에게 주어진 것이니까 자기가 선택할 수는 없어요. 그렇지만 그냥 끌려가는 것만도 아닙니다. 주어진 길을 걸어가는 속에서 끝없이 별을 노래하고 하늘을 우러러볼 줄 알기 때문에, 짐승처럼 그냥 죽는 것이 아니에요. 우리가 그 추위 속에서도 연을 날리는 것은 중력과 그 중력을 거슬러 올라가려는 것의 대립이지요. 이것이 시몬 베유Simone Weil(1909~1943)가 말하는 '중력과 은총'입니다. ▶중력과 은총

문득 내가 초대 문화부 장관(재임 1989년 12월~1991년 12월) 시절, 클래식 발레의 '육법전서'라고 불리던 소련 볼쇼이 발레단이 방한했을 때가 떠오릅니다. 그들 앞에서 이런 환영사를 했어요.

"인간 역사 가운데 가장 가슴 설레고 가장 놀라운 이벤트 두 가지가 무엇이
겠느냐. 바로 직립보행의 인간이 두 발로 딛고 일어서 땅 끝을 처음 보았을
때가 아니었을까. 그제야 하늘의 별이 눈에 들어왔을 것이다.

그리고 두 발로 선 인간이 높이 솟구쳐 오르려 할 때가 아니었을까. 시몬 베
유가 말하는, 아래로 떨어지는 중력의 비극에 맞서 끝없이 위로 올라가려 하
는 인간의 상승 욕구와 같다. 하늘로 솟구치려는 고양高揚! 고양! 날개 없이
횃불처럼 솟구치려는, 높이 뛰는 자가 바로 당신들이다."

라고 하니, 발레단 단장이 흥분해서 나를 5분 동안이나 껴안았습니다!

중력이란 뉴턴Isaac Newton(1643~1727)의 사과처럼 밑으로 떨어지는 것입
니다. 그러나 땅에 있는 식물들은 그 중력을 거스르고 하늘로 올라가요. 힘없는 넝쿨이라도 하늘을 향해 끝없이 손을 뻗어요. 죽음은 정해진 운명
이지만 죽는 그 순간까지 지향점은 영원의 하늘이지요.

윤동주 시인이 그랬습니다. 잎새에 이는 바람과 같이 죽음, 중력에 지배되
는 땅을 향한 마음과 별을 우러르는 하늘을 향한 마음, 그 중간에 위치하
고 있기 때문에 포물선과 같은 곡선이 생깁니다.

중력과 은총

《경향신문》 2014년 2월 5일 자에서 이어령 선생은 '내 인생의 책'으로 시몬 베
유의《중력과 은총》을 꼽았다. 다음은 신문에 실린 선생의 글이다.

근대의 시작은 뉴턴이다. 뉴턴의 중력 이론은 과학의 패러다임만 바꾼 게 아
니라 인간의 사고 자체를 바꿨다. 중력은 인간에게도 작용하고 식물에게도
작용하며 지구에도 작용하고 우주에도 작용하는, 우주의 보편 법칙이다. 우리
는 중력을 벗어나서 살 수 없다. 그렇다는 것은 우리가 일정한 법칙의 구속 안
에서 살고 있다는 뜻이기도 하다.

프랑스 사상가 시몬 베유의《중력과 은총》은 우리의 삶에는 헌신적 구속력(중
력)과 그 구속에서 벗어나려는 영혼의 움직임(은총)이 동시에 존재한다는 사실
을 보여준다. 시몬 베유는 공장에 들어가 노동자 생활을 했고 나치의 프랑스
점령에 맞서 레지스탕스로 활동하기도 했던 실천적 지식인이었다. 그는 좌파
적 신념을 갖고 있었으나 일부 코뮤니스트들의 전체주의적 경향에 반대했다.
그는 인간의 구원은 아름다움에 있다고 믿었다.

나는 시몬 베유처럼 노동자들 속으로 들어간 적도 없고 무장투쟁을 한 적도
없다. 현실 참여의 강도에서 현격한 차이가 난다. 그럼에도 그의 책들을 통해
나는 치열한 현실참여와 하늘을 향해 상승하고자 하는 미학적 충동이 서로
평형을 이룰 수 있다는 사실을 깨달았다. 이 깨달음은 나의 내면에서 벌어지

고 있던 오랜 투쟁에 빛을 던져주었다. 내가 주창하는 '생명자본주의'는 여기서 출발했다고 해도 과언이 아니다.

#　모두 이루었다고 이야기하지는 못할지라도

그런데 윤동주가 시인이 아니라 군자君子라면 어떻게 될까요. 군자는 이미 초월한 사람입니다. 땅에 사는 보통의 사람이 아니에요. 맹자孟子(B.C. 372~B.C. 289)는《맹자》〈진심편盡心篇〉에서 군자에게 세 가지 즐거움이 있다고 했습니다.

첫째, 부모님과 형제가 모두 무사하면 첫 번째 즐거움父母俱存 兄弟無故 一樂也이고, 둘째 위로는 하늘을 우러러 부끄러움이 없고 아래로는 사람을 대함에 있어 부끄럽지 않을 때가 두 번째 즐거움仰不愧於天 俯不怍於人 二樂也이며, 셋째는 천하의 영재를 얻어 교육을 함이 세 번째 즐거움得天下英才 而教育之 三樂也이라 하였습니다. 윤동주의 시는 이 두 번째 즐거움에서 나옵니다.

'앙불괴仰不愧'—하늘을 우러러 부끄러움이 없고, '부부작어인俯不怍於人'—땅을 내려다봐서 사람을 향해서도 당당하게 부끄러움이 없는 상태가 군자의 즐거움이지요.

괴愧도 부끄러움을 뜻하는 한자어고 작怍도 부끄러움을 뜻합니다. 요즘은 여간해서는 잘 쓰지 않는 글자지요. 스스로 부끄러움을 느낄 때는 '자괴自愧'라고 합니다. '자작自怍'이라고 하면 남 앞에 부끄러운 것입니다. 자괴는 하늘 앞에 부끄러운 것이고 자작은 남 앞에 부끄러운 것이니까 요즘 말로 바꾸면 "쪽팔리는 것"이지요. 그러니 군자삼락의 두 번째 구절을 거칠게 해석하면 '사람을 봐서 쪽팔리는 일이 없고, 하늘을 봐서 부끄러움이 없으면 문제가 없다'는 뜻이 됩니다. 그런데 이 문구의 시제는 과거, 현재, 미래 중 어디에 해당할까요?

미래에 그럴 것이라고 하면 그것은 군자가 아닙니다. 과거에도 그랬고 현재에도 그렇다 해야 그것이 군자이지요. 그러니 전부 과거형이어야 합니다. 하늘을 우러러 부끄러움이 현재에도 과거에도 '없었고' 사람을 봐서도 부끄러움이 '없다', 이것이 군자입니다.

윤동주의 〈서시〉를 전부 과거형으로 고치면 윤동주는 시인이 아니라 군자가 됩니다.

'하늘을 우러러서 나는 부끄러움이 없습니다. 잎새에 이는 바람에도 괴로워했습니다. 별을 노래하는 마음으로 모든 것을 사랑했습니다. 주어진 길을 내가 오늘 갑니다.' 이건 시가 아니라 자랑이죠. 남에게 하는 말입니다. 이 자랑을 들은 사람은 "와~ 저 사람은 모든 죽어가는 것을 사랑했네. 예수님이네." 하지 않겠어요? 이렇게 과거형으로 바꾸어버린 시에는 망설임과 노력하려는 마음과 현실에서의 부딪침이 전혀 나타나지 않아요.

3부 별을 노래하는 마음

그런 것들이 시인의 마음인데요, 남에게 말하는 것은 시가 아니라 자랑이에요. 과거형으로 바꾼 〈서시〉에서 윤동주는 시인이 아니라 군자가 되었습니다. ▶순자의 군자론

다시 윤동주가 쓴 〈서시〉의 본래 문장으로 돌아가 봅시다.

　　죽는 날까지 하늘을 우러러
　　한 점 부끄럼 없기를
　　잎새에 이는 바람에도
　　나는 괴로워했다.
　　별을 노래하는 마음으로
　　모든 죽어가는 것을 사랑해야지
　　그리고 나한테 주어진 길을 걸어가야겠다.

　　오늘 밤에도 별이 바람에 스치운다.

원문을 보면 아무것도 이루어진 것이 없어요. 이루어진 것은 보통 과거형, 완료된 문장으로 서술되는데 이 시에서 과거형으로 쓴 것은 '괴로워했다' 단 하나예요. 그러니까 괴로워한 것만은 사실이고 현실이지요. 나머지 서술부의 시제를 보면 '사랑해야지' '걸어가야겠다' 하는 미래의 다짐, 미래의 원망遠望과 의지만이 나타납니다. 일종의 자기 자신에 대한

맹세지요.

이 시에는 '보다, 노래하다, 부끄럽다, 괴롭다, 사랑하다, 걷다'와 같은 동사動詞가 있는데 여기에는 반드시 시제가 붙기 마련입니다.

그러나 시제를 붙일 서술어를 생략해버리는 것으로 시제를 넘어섰어요. 과거, 현재, 미래를 통튼 자신의 결심이니까 과거에 했든, 현재에 하든, 미래에 할 것이든 상관이 없어요. 어쨌든 된 것이고 될 것이니까요. 다만 '별이 바람에 스치운다'는 무척 여운을 주는 현재 시제 하나만을 남겨두었습니다.

윤동주의 〈서시〉를 읽으며 맹자의 '대장부大丈夫'가 떠오릅니다. 맹자에게 대장부는 제후나 임금에 복종하여 그들의 이익을 위해 무예나 문장으로 행동하는 자가 아닙니다. 맹자가 생각하는 진정한 대장부는 세상의 풍파를 겪으며 묵묵히 올바름을 실천하는 자입니다. 《맹자》의 〈등문공하滕文公下〉에 대장부의 정의가 나옵니다.

천하의 넓은 집仁에 거처하고, 가장 바른 자리禮에 서며, 가장 큰 길義을 걸어가되, 뜻(지위)을 얻으면 함께 걷고, 뜻을 얻지 못하면 홀로 그 길을 걸어서, 부귀도 그 마음을 어지럽히지 못하고富貴不能淫 위세나 무력도 뜻을 굽히지 못하니威武不能屈 이를 대장부라 한다.

그러나 '시인'과 '대장부'의 길은 다른 길입니다. 윤동주와 맹자가 다른 삶을 살았던 두 길은 닮아 보이지만 완전히 다른 길입니다.

순자의 군자론

중국 전국시대에 살았던 순자荀子(B.C. 298~B.C. 238)는 공자와 맹자와는 다른 세계관을 지닌 학자였습니다. 공자와 맹자는 하늘이 인간의 도덕적 삶을 주재한다고 보았으나 순자는 하늘을 그저 물리적인 자연 현상으로만 보았습니다. 순자에게 인간은 본래부터 이익을 쫓고 본능적인 욕구를 따르는 존재입니다. 그러니 이 본성을 선하게 변화시켜야 한다고 보았습니다. 그런 관점에서 순자의 군자론은 이렇습니다.

'군자는 도덕적으로 존중받을 수는 있으나 존중하도록 할 수는 없다. 신뢰를 받을 수는 있으나 신뢰하도록 할 수는 없다. 쓰이게 될 수는 있으나, 쓰도록 할 수는 없다.

따라서 군자는 스스로 수양하지 못함을 부끄러워하지 남이 욕보인다고 부끄러워하지는 않는다. 군자는 스스로 믿지 못함을 부끄러워하지 남이 믿어주지 않는다고 부끄러워하지는 않는다. 군자는 스스로 할 수 없음을 부끄러워하지 남이 써주지 않는다고 부끄러워하지는 않는다.

그리하여 명예에 유혹받지 않고 비방을 두려워하지 않으며, 바른길을 따라서 움직이고 단정하게 자신을 바로 잡으며, 바깥 사물 때문에 기울지 않는다.'

2장   아직 우리의 소망은 이루어지지 않았습니다

하늘과 땅 사이, 시의 마음이 있습니다

현재형과 미래형으로 쓴 윤동주의 시들이 모두 이루어졌을 때, 그것을 '길'로 그려보는 상황을 가정해봅시다. 가장 낮은 잎새에서 바람은 별까지 올라갔습니다. 이 위로 올라가는 길을 똑바로 직선으로 그으면 그것은 군자의 경지예요.

위로 올라가지 않고 아래에서 쭉 뻗어나가면 그것은 현실 정치인, 현실인의 경지지요.

그런데 인간은 신과 짐승의 중간에 있고 하늘과 땅을 모두 볼 수 있는 인간의 눈은 아름다운 것, 그것이 바로 시인의 마음이지요. 하늘과 땅 사이에서 흔들리고 설레지요. 군자는 이런 설렘이 없어요. 모든 것을 완전히 졸업하고 초월한 존재입니다. 또 악인이면 괴로워하지 않고 사랑하지도 않아요. 현실에 그저 적응하고 살면 되지요.

하늘과 땅 사이에 있는 것이 시인의 마음입니다. 저항시의 측면에서 보더라도 윤동주는 독립운동하는 사람의 결단이 있는 것이 아니라 그 앞에서 끝없이 흔들리는 모습을 보여주면서 인간적인 것에서 우주적인 것으로 향합니다. 그렇기 때문에 윤동주는 역사 속 '영웅'이 아니라 '햄릿'과 같아요. ▶햄릿

시 속에서 끝없이 흔들리면서 죽음 앞에서 영원으로 가고, 현실 앞에서 이상으로 가고, 괴로움 앞에서 노래하고 사랑을 하는 존재이지요.

땅에 얽매여 있으면서도 그것으로부터 초월하고자 하고 가장 낮은, 모든 죽어가는 것의 현실에서 영원히 불멸하는 별을 향해서 가는 마음을 노래하고 그 길을 걷는 것을 실천하려고 한 것입니다.

그러니 그런 시인의 마음을 그림으로 그려보면 어린아이가 그 추운 날 날린 연에 묶여 있는 실처럼 포물선이 그려져야 합니다. 우리의 마음속에 드리운 무거움과 가벼움 사이에서 날아가려는 연과 중력으로 떨어지려는 연 사이에 팽팽한 연실의 그 중력! 그 추운 겨울날에 언 손을 비비며 연을 날려본 기억이 있는 사람은 윤동주의 시를 알고, 윤동주의 마음을 아는 사람입니다. 그 연에는 날개가 없어요. 그리고 그 연과 사람 사이에는 묶인 실이 있습니다. 그것은 어쩔 수 없는 운명의 실이고, 그것이 길입니다.

햄릿

셰익스피어의 명작 《햄릿》 3막 제1장의 유명한 'To be, or not to be' 대목을
읽고 음미하길 권합니다.

사느냐 죽느냐(번역자에 따라 있음이냐 없음이냐, 삶이냐 죽음이냐, 살아 부지할 것인가 죽어
없어질 것인가 등등으로 표현되었다.), 이것이 문제로다. 참혹한 운명의 화살을 묵묵
히 견뎌내야 하는 것일까? 아니면 무기를 들고 성난 파도와 맞서 용감히 싸워
야 하는 것일까? 어느 것이 더 고귀한 일일까. 죽는 건 그저 잠드는 일─, 다만
그것뿐이다.

잠들면 감당해야 할 가슴속 번뇌와 육체가 짊어질 온갖 고통도 사라지리라.
그야말로 죽음이야말로 진정으로 바라던 결말이 아니던가? 잠들면 꿈을 꾸리
라. 대체 어떤 꿈이 찾아오게 될까? 그것이 우리를 멈추어 서게 한다. 이를 생
각하니 망설여질 수밖에. 번민으로 우리는 늙어간다. 도대체 누가 이 세상의
채찍과 비웃음, 폭군의 횡포와 오만한 자들의 멸시, 끝없는 송사訟事와 거만
한 관리들, 소인배들의 모욕을 견뎌내겠는가. 단 한 자루의 단검으로 모든 것
을 끝낼 수 있을진대.

다만, 한 번 가면 못 돌아오는 사후死後의 두려움이 차라리 우리가 겪고 있는
불행을 감내하도록 한다. 결국 분별력이 우리 모두를 겁쟁이로 만들어버린다.
창백한 생각의 병색이 골수에 가득 차고, 원대한 계획들도 이런 망설임으로

말미암아 궤도를 이탈한 채 결국 실행력을 잃고 만다.

《햄릿》 중에서

햄릿에게 죽음은 잠을 자는 것입니다. 죽음은 미지의 세계여서 두렵습니다. 햄릿에게 삶은 위선과 속임수가 가득한 세상에서 사는 것과 같아요. 햄릿은 아무런 결단을 내리지 못합니다. 그러나 망설임일망정 끊임없이 자신에게 질문을 던지며 고뇌합니다. 윤동주의 애절함과 담백한 비장미와 성격이 다릅니다. 하지만 심오한 인간 내면의 다른 모습을 섬세한 언어로 만날 수 있습니다.

고통과 슬픔에서 사랑의 힘은 나옵니다

시를 볼 때 어떤 것이든 여러 가지 의미 층위가 존재합니다. 예를 들어 명사 하면 '하늘, 별, 땅' 그다음이 풀잎이에요. 이 풀잎을 정치적으로는 민초民草라고 합니다. 그래스 루츠Grass Roots! 민주주의Democracy에 비유할 때는 민초라는 뜻을 가지지요.
월트 휘트먼Walter Whitman(1819~1892)의 시집 《풀잎》 서문에는 다음과 같은 시가 수록되어 있습니다.

143

별의 지도

대지와 태양과 동물들을 사랑하라
부를 경멸하라
모든 이에게 자비를 베풀고
어리석은 일에는 맞서라
당신의 수입과 노동을 다른 사람을 위한 일에 돌려라
폭군들을 미워하고 신에 대해 논쟁하지 마라
당신이 모르는 것, 알 수 없는 것을 공경하고
학교, 교회, 책에서 배운 것들을 의심하라
당신의 영혼을 모독하는 것들을 멀리하고
당신의 몸이 장엄한 시가 되게 하라.

가난한 퀘이커교도 농부의 아들로 태어난 휘트먼은 심부름꾼, 인쇄공 등을 전전하면서 시를 썼습니다. 미국식 자유시의 창시자로 당대 문단의 사조에서 벗어나 자신만의 시 세계를 꿈꾸었지요. "휘트먼의 범시민적 평등관이 미국 시민사회 형성에 큰 영향을 미쳤다"고 합니다.
휘트먼 하면 떠오르는 시인이 김수영 金洙暎(1921~1968)입니다. 그의 시 〈풀〉이 가장 많이 사랑받아요. 바람이 불면 풀들은 다 눕습니다. 울다가 눕고, 바람보다 더 빨리 눕지요. 그러나 풀은 바람보다 더 빨리 울었다가, 바람보다 먼저 일어납니다. 다음은 김수영의 〈풀〉 중 일부입니다.

날이 흐리고 풀이 눕는다
발목까지
발밑까지 눕는다
바람보다 늦게 누워도
바람보다 먼저 일어나고
바람보다 늦게 울어도
바람보다 먼저 웃는다
날이 흐리고 풀뿌리가 눕는다

이렇게 하찮은 것, 바람이 불면 운명에 거스르지 못하고 복종하는 것! 이런 존재에서 시작해 전혀 다른 차원의 하늘까지 가는 하늘의 별이니까 하늘, 땅, 사람을 그리면 공간이 생겨납니다. 이번엔 시간을 볼까요? '잎새에 일던 바람'은 춘하추동, 밤낮과 같은 시간의 변화 속에서 점점 하늘로 올라갑니다. 계속 가다 보면 변하지 않는, 바람이 꽉 차 있는 곳으로 가게 됩니다.

사실 바람이라고 하는 것은 끝없이 변하는 시간을 뜻하니까 시간의 축이 돼요. 시간은 곧 탄생과 죽음을 의미합니다. '모든 죽어가는 것들을 사랑해야지'처럼 말이죠.

그러니까 이 시 전체에서 '별'과 가장 가까운 동사를 찾아낸다면 '사랑해야지'입니다. 죽어가는 것을 사랑하는 것은 별을 노래하는 마음에서 나왔습니다. 현실이 아니라 모든 것이 멸망하는 밤이 되어도 빛이 사라지지 않고, 바람이 불어도 끄떡하지 않는, 그 별을 노래하는 마음이 죽어가는 것을 사랑하는 힘이 됩니다.

독일의 철학자 헤겔의 저서 《법철학 강요 Grundlinien der Philosophie des Rechts》 (1820)에서 남긴 유명한 경구 "미네르바의 부엉이는 황혼이 저물어야 그 날개를 편다"가 떠오릅니다.

황혼이 저물어야 밤이 오고 그제야 별이 하늘에 떠오릅니다. 마냥 별이 떠오를 수 없습니다. 일단 날이 저물어야 하니까요. '죽어가는 것을 사랑하는' 힘은, 먼저 죽을 정도로 아파하는 고통과 슬픔에서 나옵니다. 질병의 고통 없이 치유의 쓴 약이 나올 수 없으니까요. 그래서 미네르바의 부엉이는 찾아드는 저녁의 어둠과 함께 비로소 날기 시작합니다. 사람들은 '찾아드는' 어둠에서 반짝이는 별을 볼 수 있습니다. 이상적理想的인 것은 현실의 성숙을 기다려야 비로소 그 모습을 드러냅니다. 희로애락이라는 현실 세계의 실체를 파악해 지적知的 왕국을 세워야 이상을, 별을 가슴에 새길 수 있습니다.

\#   꿈이 우리를 다르게 만들어갑니다

별은 시대에 따라 그 문화적 지배 코드가 바뀌면서 군사력을 자랑하는 제국 시대에는 군인의 견장에 붙어 다니며 장성을 의미했어요.

대중문화 시대에는 유명 연예인들을 뜻하는 '스타'가 되기도 했죠. 그러나 21세기의 별은 군인의 별도, 단순한 무비 스타인 할리우드의 별도 아닙니다.

"나는 살기 위해 꿈꾼다 I dream for a living ."

이 말은 명장 스필버그 감독의 말입니다. 꿈이라고 하면 흔히 거미줄을 친 어두운 방 안에서 물끄러미 별을 쳐다보고 있는 화가나 시인의 야윈 얼굴을 연상할지 모릅니다. 우리는 지금까지 무엇인가 비현실적인 것, 또는 현실 도피적인 것을 가리킬 때 꿈이란 말을 많이 써왔기 때문입니다. 그래서 "꿈 깨라"는 유행어가 생겨나기도 했죠.
'왜 우수한 문화를 가졌던 동양이 근대에 와서 서양의 지배를 받게 되었는가'라는 물음에 대해서 '꿈' 자 하나 때문이라고 답하는 사람들도 있었습니다.
영어의 '드림 dream'은 원래 '즐거움'과 '기쁨'의 뜻에서 생겨난 말입니다. 떠들썩한 잔치판을 그렇게 부르기도 합니다. 그러나 한자의 '꿈夢'은 '남가일몽南柯一夢'이나 장자의 '호접지몽胡蝶之夢'처럼 덧없는 것이 아니면 환상의 뜻으로 쓰였어요. 원래 그 글자 자체가 어두운 것, 사라져버리는 것을 의미했던 것이죠. 구대륙의 문화가 신대륙 문화로 바뀌고 아메리칸 드림이 생겨나 개척민들이 허허벌판에 새로운 문명을 만들어내는 것과 같은 변화가 동양 사회에서는 일어나지 못했습니다. 꿈을 현실에서 이 뤄낼 상상, 별을 캐낼 꿈을 감히 하지 못했던 것이죠.

그러나 시대가 변했습니다. 서양에서는 물론이고 동양에서도 이제는 꿈 의 산업이 등장하기 시작했어요. '스타 기업'이 세상을 깜짝 놀라게 만들 고 있어요. 스필버그의 말 그대로 새로운 세기는 바로 꿈이 밥을 먹여주 는 세상을 뜻합니다. IT 혁명을 한마디로 설명하려면 그것은 꿈을 만들어 내는 산업혁명이라고 할 수 있어요.

과거에도 '드림웨어'가 없었던 것은 아닙니다. 독일의 로렐라이가 대표 적인 예죠. 로렐라이 전설 하나를 가지고 하이네는 시를, 슈베르트는 노래 를, 화가들은 그림을 만들어냈으며 기업인들은 관광지를 만들었습니다. 오늘날 아무것도 없는 라인강의 작은 언덕 하나가 수천만 달러를 벌어들 이는 관광자원이 되어 그 지방은 물론이고 나라를 부흥시키는 효자 산업 이 되었습니다. 당시만 해도 쓸모없는 고철 덩어리라고 비웃음 받던 에펠 탑이 이제는 웬만한 공장 수십 개보다 많은 수익을 올리고 있잖아요. 루 브르 박물관 전체의 입장객보다 더 많은 사람이 찾아오고 있다고 합니다. 넓게 보면 과학도 기술도 모두가 꿈의 산물입니다.

100년 전만 해도 인간이 하늘을 난다는 것은 단순한 꿈이었죠. 사이 먼 뉴컴 Simon Newcomb (1835~1909)는 1900년에 인간은 절대 무거운 발동 기를 달고 하늘을 날 수 없다는 것을 수학적·물리적 이론으로 증명하 는 책을 냈습니다. 그러나 그 책이 나온 뒤 얼마 지나지 않아 자전거 가게를 운영하던 윌버 라이트^{Wilbur Wright}(1867~1912)와 오빌 라이트^{Orville}
^{Wright}(1871~1948) 형제가 키티호크의 풀밭에서 하늘을 나는 인간의 꿈을
실현시켰습니다. 뉴컴 교수에겐 지식은 있었지만 꿈이 부족했어요. 결국
비행기는 과학자의 머리가 아니라 꿈꾸는 자의 가슴에서 탄생합니다.

꿈은 반드시 현실이 되어야 값어치가 있는 것이 아닙니다. 달나라에 계수
나무로 지은 초가삼간처럼 우리는 가상공간의 메타버스 속에서 집을 짓
고 그림도 걸고 방도 만들고 손님도 맞을 수 있어요.

꿈 산업, 별 산업의 자원은 사람의 가슴속에서, 그 꿈속에서 퍼 올리는 자
원으로 만들어집니다. 언어학자들 중에는 '꿈꾸다'는 동사를 '세계를 창
조하는 동사^{World-creating verb}'라고 말하는 사람도 있어요. 그러고 보니 2002
년 한일 월드컵 당시 붉은악마의 '꿈★은 이루어진다'라는 창조적 동사
가 떠오릅니다.▶대한민국의 코드 꿈과 별이 하나가 되어, 그래서 그 별이 하
늘이 아니라 바로 지상의 소우주−인간이 되는 그 꿈을 붉은 악마들은 축
구 경기장에서 현실로 만들어갔던 것입니다.[1]

---

1   이어령, 《이어령 문화코드》, 문학사상사, 2006.

대한민국의 코드

"대~ 한민국"이라고 외치는 함성에서 우리는 나와 너를 하나로 융합하고 나와 나라를 하나로 결합시켜 엑스터시를 맛보았습니다. 일본 식민지에서 해방되던 그날에도 마땅하게 부를 나라 이름이 없어서, 그리고 사분오열 흩어져 싸우느라고 제대로 불러보지 못한 내 나라의 이름을 이제야 자랑스럽게 4700만 온 국민이 한목소리로 부르고 또 불렀습니다. 그것도 그냥 외치는 것이 아니라 손목이 부러지고 어깨가 탈골하는 열광의 손뼉과 북소리로 외치는 "대~ 한민국"이요, "필승 코리아"입니다.

그러기에 "대~ 한민국"의 응원 코드는 단순한 애국심이나 승부의식만으로 풀이될 수 없어요. 그것은 대한민국이라는 공적 코드를 애칭과 같은 사적 코드로 변환시켰다는 점에서 나치나 사회주의 국가에서 사용하는 집단 체제의 구호와는 다릅니다. 마치 공원을 자기 집 정원처럼 가까이 느끼는 그런 의식의 반영이죠. 지금까지 사유재와 공공재의 두 공간이 한국처럼 그렇게 동떨어져 있던 사회도 드물었습니다. 공공 시설물은 자기 것이 아니라는 생각으로 아무렇지도 않게 부수어버리죠. 자기 집 마당은 쓸어도 자기 집 앞 공로公路에 쌓인 눈은 치우지 않는 법입니다. 붉은악마의 "대~ 한민국"은 바로 그 공과 사의 대립 코드를 무너뜨리는 새로운 문화를 만들어낸 것입니다.

(참조: 이어령, 《이어령 문화코드》, 문학사상사, 2006)

한국인들도 이제 별을 그려나갑니다

미국 국기인 성조기에는 별星이 많습니다. 미국 주州의 수만
큼 왼쪽 상단 네모난 칸에 별을 그려 넣었는데, 지금은 별이 50개입니다.
이 성조기의 별의 모양을 보세요. 익숙하지요. 우리에게 지금 별을 그려보
라 하면 다들 이런 모양으로 그립니다. 미국 국기에 그려진 별의 모양과
동일한 모양입니다. ▶미국인의 별
그런데 백 년 전만 해도, 한국 사람에게 별을 그리라고 하면 단추처럼 동
그란 모양으로 그렸습니다.
여러분이 별을 그릴 때 단추처럼 동그란 모양이 아니라 다섯 모서리가 있
는 별을 그리는 것은 유럽 서양문명이 별을 자기의 '밈 Meme', 문화적 유전
자로 만들었다는 증거입니다.
처음 한국 사람, 중국 사람이 미국에 가서 우리에게 익숙한 저 별이 그려
져 있는 미국의 국기를 보고는, "아, 웬 놈의 깃발에 저렇게 꽃이 많냐?"
해서 화기花旗라고 했어요. 꽃이 있는 깃발이라는 뜻이지요. 우리도 처음
에는 미국을 '화기국'이라고 했어요.
서양의 별 모양의 자세히 보면 위가 머리, 양쪽이 좌우의 두 팔, 아래 두
뿔이 좌우의 두 다리임을 알 수가 있어요. 즉 별은 사람 모양을 나타내는
것이죠. 그래서 별을 거꾸로 놓으면 큰일 나는 거예요. 별은 사람이고 인
간은 소우주가 되지요. 특히 별의 오각형은 바람 · 불 · 물 · 금 · 흙 등 우주

151

의 5원소를 표시하는 기호이기도 했습니다. 윤동주가 시 〈별 헤는 밤〉에서 '별 하나, 나 하나'라고 한 정서와 잘 맞다고 할 수 있어요.

근대에 들어와 한국인의 시심詩心 내지 시정詩情을 일깨우는 데 별은 큰 역할을 발휘하였습니다. 윤동주의 〈서시〉처럼 초월적인 이상의 상징으로 생각된 별, 혹은 사람이 죽어서 된 별, 수명의 등불인 별 등이 한국인 마음에서 지금도 빛나고 있어요.

지금은 칠월칠석날 밤입니다

그들은 난초실로 주름을 접은 연꽃의 윗옷을 입었습니다

그들은 한 구슬에 일곱 빛나는 계수나무 열매의 노리개를 찼습니다

키스의 술에 취할 것을 상상하는 그들의 뺨은 먼저 기쁨을 못 이기는 자기의 열정에 취하여 반이나 붉었습니다

그들은 오작교를 건너갈 때에 걸음을 멈추고 윗옷의 뒷자락을 검사합니다

그들은 오작교를 건너서 서로 포옹하는 동안에 눈물과 웃음이 순서를 잃더니 다시금 공경하는 얼굴을 보입니다

아아 알 수 없는 것은 운명이요 지키기 어려운 것은 맹세입니다

나는 그들의 사랑이 표현인 것을 보았습니다

진정한 사랑은 표현할 수가 없습니다

그들은 나의 사랑을 볼 수는 없습니다

사랑의 신성은 표현에 있지 않고 비밀에 있습니다
그들이 나를 하늘로 오라고 손짓을 한대도 나는 가지 않겠습니다
지금은 칠월칠석날 밤입니다

한용운의 〈칠석〉(부분)

그런가 하면, 서정주의 〈견우의 노래〉 등에서 보듯 음력 7월 7일 견우직
녀의 이야기가 펼쳐지는 은하수는 시정詩情의 강물이 되어 지금도 흐르
고 있습니다.[2]

\#   세상 사람들이 별에 어떤 의미를 담았을까요

       밤하늘에는 우리말로 된 별자리 이름들이 있습니다. 금성을
지칭하는 '샛별'과 '개밥바라기', 은하수를 지칭하는 '미리내'와 유성遊
星을 가리키는 '별똥별', 음력 2월 초엿새 저녁에 뜨는 별인 '좀생이별'
등등이 있어요.
강원도 영월에는 단종릉이 있는데, 단종제가 한창이던 1998년 봄 영월군

---

2   《한국민족문화대백과사전》에 나오는 '별' 항목 참조.

이 사자자리의 1등성 레굴로스에다 단종별이라는 이름을 붙였습니다. 그
러자 각 지방마다 '내 고장 별 갖기 운동'이 벌어졌어요. 전북 남원시는
1999년에 처녀자리의 스피카라는 별을 춘향별로, 2000년에는 목동자리
의 아르크투루스라는 별을 몽룡별이라 명명했지요. 두 별 다 우리가 도시
에서도 육안으로 관찰이 가능한 1등성들입니다. 하늘에 별이 셀 수 없이
많지만, 우리나라에서 볼 수 있는 1등성은 15개 정도밖에 되지 않지요.
한편으로 한국인에게 별은 민간신앙이며 미신적인 속신俗信의 대상이
되어왔어요. 해와 달과 별을 뜻하는 '일월성신日月星辰'을 향해 착하고
소박한 믿음을 새깁니다. 때로 위대한 인물의 탄생이 별과 관계된 경우도
있어요. 신라 삼국통일의 주역인 김유신金庾信(595~673)의 어머니는 두
개의 별이 자기에게로 내려오는 꿈을 꾸었다고 알려졌지요. 원효대사元
曉大師(617~686)의 어머니는 유성이 품속에 들어오는 태몽을 꾸었죠.
별에 의미를 담는 것은 외국에서도 마찬가지예요. 삼각형의 별 모양, 이른
바 세 꼭지별3 pointed star 모양의 벤츠 엠블럼은 독일 자동차 산업의 상징입
니다. 꼭지당 '육지', '바다', '하늘'을 의미하며 육해공의 운송 수단 중 최
고를 상징한다는 의미를 내포하고 있어요. 이후 메르세데스 벤츠사는 별
모양의 로고에 대해 '품격' '부' '신뢰성'을, 혹은 '품질' '안전' '편안함'
을 상징하는 것으로 의미를 부여했다고 합니다.
흔히 육각형 별, 우리가 흔히 다윗의 별Star of David이라고 하는 삼각형 두 개
를 엇갈려 겹쳐놓은 별은 유대교의 상징이지요. 두 개의 삼각형 중 하나

는 올라가는 것 불, 하나는 내려가는 것 물을 나타내요. 이런 것을 상징코
드라고 하는데, 이런 상징코드를 알고 보면 별이 무엇인지 알게 됩니다. ▶
코드로 읽는 세계

코드로 읽는 세계

코드 Code 라는 말은 '표시'라는 뜻인데 이 말이 학술용어로 등장한 것은 언어학자
소쉬르 Ferdinand de Saussure (1857~1913) 때문이었죠. 이후 문화기호론이나 정보이론에
서 많이 사용되면서 일반에게도 널리 퍼지게 되었어요. 쉽게 말해서 "예"와 "아
니오"를 표시할 때 머리를 끄덕이는 것과 내젓는 제스처, 빨간 불과 녹색 불의
교통신호, 그리고 우리가 사용하고 있는 언어와 문자 ─ 무엇이든 서로의 의사소
통을 하기 위한 기호체계를 코드라고 부릅니다.

그래서 코드는 공공적이고 가치중립적이며 객관적인 성격을 지닌 매개물로 개
인이나 소수자가 독점할 수 있는 것이 아닙니다. 사유화된 코드는 이미 코드로서
의 특성이나 기능을 상실하기 때문이죠. 코드는 공공성, 표준성, 객관성이 생명
인데 요즘에는 코드 정치, 코드 인사, 이제는 코드 방송이라는 말까지 등장하고
있어요. 심지어 코드를 전기 코드 cord 로 알고 100V와 220V에 맞는 겸용 코드 이
론을 들고 나온 정치인이 있는가 하면 개혁 코드를 줄여 '개코'라고 부르는 신어
까지 등장했지요.

상징 코드는 '다윗의 별'처럼 구체적인 사물이 의미하는 바를 이해하게 해주는

사회적 약속을 말합니다. 예를 들어 어느 사회든 경제 수준이 열악할 땐 넘치는 '뱃살'이 부의 상징이 되지만 사정이 나아지면 '말라깽이 몸매'가 상류층임을 드러내는 상징 코드가 된다는 것이죠. 파인巴人 김동환金東煥(1901~?)의 시 〈웃은 죄〉를 통해 설명해 볼게요.

지름길 묻길래 대답했지요,
물 한 모금 달라기에 샘물 떠주고,
그러고는 인사하기 웃고 받았지요.

평양성平壤城에 해 안 뜬대두
난 모르오,

웃은 죄밖에

《신세기》, 1938년 3월호

행위 코드로 볼 때 단순히 인사를 '받아들이다'의 표시지만, 상징 코드로 보면 웃음은 욕망의 금제禁制나 억제와 대립하는, 닫힌 것으로부터 열린 곳으로 나가는 의미가 됩니다. 즉 사랑의 상징 코드인 것이죠. '평양성에 해 안 떠도 나는 모르오'는 일종의 문화 코드이기도 하지만 해석적 코드와 상징 코드에 속합니다.

해석 코드는 규방 처녀가 길 가던 나그네와 사랑을 하게 되었다는 숨겨진 사건 찾기가 되고, 문화 코드로 보면 남녀유별의 도덕적 파계破戒, 또는 사회적 관습에서 일탈된 한국적 애정이나 그 정서를 보여주는 것이죠.

'평양성에 해가 안 뜬다'는 것은 봉건사회에서의 문화 코드라고 볼 수 있어요. 사회적 질서의 일탈과 파괴를 천륜을 어기는 것으로 생각하고 천변天變과 관련시키는, 일종의 속담 같은 것이죠.

동시에 이러한 말에서 우리는 사랑을, 어쩌면 첫사랑을 하게 된 시골 처녀의 수줍고 천진한 성격을 짐작하게 합니다. 즉 인물 코드의 역할을 하게 되는 것이죠. 이처럼 처음에는 그냥 단순한 길 묻기, 물 달라기, 인사하기로만 보여졌던 일련의 행위들이 다시 거슬러 읽게 됨으로써 실은 그 두 사람의 거리가 점차 가까워지고, 그 요청과 응답도 역시 심도와 은밀성을 증대시켜가는 것으로 인식됩니다. 말하자면 해석학적 코드의 역할을 하고 있는 것이에요.

3장   가슴에 별을 품는 모두가 시인입니다

별에게 가는 길

별이란 무엇입니까. 바람이란, 길이란 무엇입니까. 길은 선線이고 시간이잖아요. 공간이면서도 시간입니다. 그래서 길 위에 서 있으면이상한 사람이 되는 거예요. 특히 밤에 그런 짓 하면 큰일 나요. 밤에 길거리에 서 있으면 이건 법률적으로 안 되는 겁니다.

그와 관련된 법률이 있는 네덜란드 같은 나라에서는 개를 산책시킬 때도 사람이 한곳에 가만히 서 있는 것이 아니라 주변을 맴돌아야 해요. 주변을 맴도는 것은 괜찮지만 가만히 서 있으면 강도나 도둑, 아니면 이상한 여자로 오해를 받습니다. 길은 걸어가도록 만들어져 있기에 길에 멈춰 서면 멋쩍고 이상한 것이지요.

'길을 걸어가야겠다'는 말은 프로세스^{Process}를 의미합니다. 과정이지요. 죽는 날까지의 과정을 길로 나타냈어요. 길의 끝에는 죽음이 있습니다. 직선으로, 평지를 향하여 쭉 뻗은 길을 그냥 가면 길 끝에서 죽음과 만나게 됩니다. '잎새에 이는 바람에 죽어가는 것'처럼 말이지요. ▶길의 끝 하지만 시인이니까 별을 노래하는 마음으로 가면 이 길은 하늘로 올라갑니다. 그러나 성인군자는 아니니까 '잎새에 이는 바람에도 괴로워하듯' 땅에게 끌어당겨지지요. 하늘로 올라가는 연과 중력의 사이에서 그려지는 연실과 같은 아름다운 포물선이 그려지지요.

길의 끝

'길' 끝은 꼭 죽음을 의미하지는 않습니다. 길이 끝나는 곳에서 새로운 길이 시작된다고 할 수 있어요. 정호승 시인의 시 〈봄길〉은 이렇게 시작합니다.

길이 끝나는 곳에서도
길이 있다
길이 끝나는 곳에서도
길이 되는 사람이 있다
스스로 봄길이 되어
끝없이 걸어가는 사람이 있다

길의 종착지는 우리가 가보지 못한 이상향일 수도 있고요. 그래서 길은 시작도, 끝도 없다고 말합니다. 황석영의 단편소설《삼포 가는 길》(1973)이 떠오릅니다. 인정이 있는 인물들이지만 산업화로 터전을 잃은 사람들의 이야기가《삼포 가는 길》입니다. '노영달'과 '정 씨'는 막연히 고향인 삼포로 향합니다. 어떻게 삼포가 천지개벽한 줄도 모른 채 말이죠.

"우린 삼포루 갑니다. 거긴 내 고향이오."

눈이 내리는 길을 걷다가 우연히 만난 술집 작부 '백화'의 순수한 고백도 이 소설을 백미입니다.

"내 이름은 백화가 아니에요. 본명은요 이점례예요."

강은철이 통기타를 치며 부르는 〈삼포로 가는 길〉(1983)의 노랫말도 생각나요. '바람 부는 저 들길 끝에는' 삼포가 있다고 노래했지요. '한 발 두 발 한숨만 나오는' 고되고 먼 길이지만 '정든 님'이 사는 삼포로 가고 있다고 구름에게 말을 겁니다. 강은철의 노래 〈삼포로 가는 길〉 1절입니다.

구비구비 산길 걷다보면 한발 두발 한숨만 나오네.
아, 뜬구름 하나 삼포로 가거든
정든님 소식 좀 전해주렴. 나도 따라 삼포로 간다고
사랑도 이젠 소용없네. 삼포로 나는 가야지.

그 한마디 말을 적기 위해 필요한 시간이 있었습니다

이상과 현실의 팽팽한 긴장감은 다름 아닌 우리 삶의 숙명과도 같습니다. 사람들은 이상적 동기를 꿈꾸지만 물질적 동기를 외면하진 않습니다. 둘 다를 잡기 위해 몸부림치죠. 그래서 이런 말이 나옵니다.

가난하게 사는 것은 수치고 부자로 죽는 것은 죄다.

포물선과 같은 긴장감을 문학이나 예술이 아닌 사회제도라는 관점에서 바라보면 민주주의와 다르지 않습니다. 연줄을 쥔 개인의 손끝에 연의 운명이 달려 있으니까요. 민주주의는 개인의 '자유'와 함께 '선택의 책임', 그리고 '기회균등'을 상징하죠. 에이브러햄 링컨^{Abraham Lincoln}(1808~1865)은 기회균등을 강조하면서 이런 예를 들었어요.

모든 사람을 일정 기간 바보로 간주할 수 있고, 몇몇 사람들은 항상 바보로 간주할 수 있다. 하지만 모든 사람을 항상 바보로 간주할 수는 없다.

민주주의에 대한 확고한 신념만이 지상에서 공평하게 '별에 이르는 길'을 보장할 수 있죠. (지상이 아닌 천상은 미지의 하느님만이 아시는, 신神만이 아시는 원칙이 있으니 그걸 따를 수밖에 없지요. 인간이 개입할 순 없지요.)

민주주의의 공평함은 무관용 원칙을 내포하고 있어요. 사소한 위법이라도 예외를 인정하지 않는 엄정한 법 정신이 바탕입니다. 여기에는 불굴의 의지가 담겨 있어요. 일종의 신탁神託이자 도덕률이죠.

그렇다고 개인주의 같은 개인의 자유나 신념만을 강조하지는 않습니다. 인류의 역사는 개인주의와 협동 정신 사이를 왕복하는 진자振子라고 보면 됩니다. 전쟁을 치르는 동안 국민을 한데 묶는 집단주의적 사고가 맹위를 떨치지만, 그 뒤 개인주의적 이기주의 시대가 도래하죠. 그러나 국난國難이 일어나거나 전쟁의 위협이 고조되면 다시 협동이 중심이 되었죠. 대표적인 협동 정신이 새마을운동입니다. 마르크스주의자들처럼 집단적인 사회 모델이 있기는 하지만 그건 정신이라기보다 이데올로기에 가깝죠.

협동정신의 상징이 국기國旗입니다. 국기는 애국심의 상징이기도 하죠. 국기는 소수의 특권층만이 아닌 한 나라 안의 모두(국민)를 대표하죠. 그래서 국기를 훼손하면 처벌을 받게 됩니다. (형법 제105조) 국기 다는 법이나 국기 다는 위치 같은 국기 게양의 방식도 법에 따라 규정하고 있어요. (대한민국국기법 시행령 제18조, 국기의 게양 · 관리 및 선양에 관한 규정 제10조)

개인을 우선시하느냐 집단을 중시하느냐는 동전의 양면 같지만, 러시아 출신 미국 작가 아인 랜드Ayn Rand(1905~1982)는 소설《지성인들의 파업 Atlas Shrugged》(1957)에서 개인주의를 이타주의보다 중요하다고 보았습니다. 이 소설은 미국의 철도회사 간부들을 중심으로 이야기가 전개되는데 이들은 낡은 철도를 복구하면서 경제를 살리고 회사도 일으켜 세우려 애씁

니다. 그러나 정부는 기업의 이런 노력을 '부의 독점'이라고 규제하죠. 이
윤 추구를 착취라고 보는 시각에 실망하여 결국 파업을 선언하고 맙니다.
결국 사회가 마비되자 '평등이란 명분으로 창의성을 죽이고 개인보다 집
단의 명분을 앞세우는 정부 대신 생산과 창조를 바탕으로 하는 새 사회를
건설하자'는 목소리가 다시 울려 퍼지게 된다는 게 소설의 뼈대입니다.
아인 랜드는 말합니다. "사회가 잘 돌아가기 위해 진정으로 필요한 이상
은 이타주의가 아니라 이기주의 "라고요.
자유의 중요함은 지나치게 강조해도 부족하지 않아요. 자유를 잃어보지
않고는 자유의 절실함을 모릅니다. 일제 식민지와 전쟁을 겪은 노년 세대
로서 이 말을 몸으로 배워야 했지요.

자유는 공짜가 아니다 Freedom is not free.

그래서 이따금 젊은 세대들의 행동을 걱정하는 것은 머리가 굳어서가 아
니라 그 세대들이 젊었을 시절 눈물을 흘리며 암송했던 시 한 편의 기억
이 있기 때문입니다.

나의 잠기장 위에
책상과 나무 위에
모래 위에 흰 눈 위에

163

나는 너의 이름을 쓴다

로 시작하여

그 한 마디 말의 힘으로
나는 내 삶을 다시 시작한다
나는 태어났다 너를 알기 위해서
너의 이름을 부르기 위해서

자유여!

로 끝납니다.

만약 이 시(폴 엘뤼아르, 〈자유〉)가 대학 시험문제에라도 나온다면 그래서 너의 이름이 무엇을 가리킨 것인지를 묻는다면 얼마나 많은 학생들이 이 시의 맨 끝에 나오는 단어 '자유여!'라는 이름을 맞힐지 궁금합니다.

눈과 눈을 마주치는 순간이 곧 시입니다

별을 노래했던 윤동주는 별에 닿았을까요?

시인은 영원히 별에 닿지 못합니다. 영원히 세속을 초월한 군자가 못 되는 존재예요. 그렇다고 세속적 인간이 될 수 있는 것도 아닙니다. 하지만 시인에게는 상상력의 날개가 있어요.

시인들이 현실에서는 성인군자로 존경받기보다는 뭔가 우리와는 다른 이상한 사람, 변태적인 사람, 생활력이 없는 사람으로 느껴지지요. 보들레르 Charles-Pierre Baudelaire(1821~1867)의 말처럼 귀양 온 신선이거나, 귀양 온 천사가 아니면 앨버트로스가 시인입니다. 앨버트로스Albatross[1]는 단숨에 바다를 건널 수 있다는 새인데 이 새가 사람들에게 붙잡혀 배의 갑판에 앉으면 우스꽝스러운 새가 됩니다. 단번에 바다를 건널 수 있는 거대한 날개가 오히려 걷는 데 방해가 되어 뒤뚱거리게 만드니까요. 그래서 선원들은 그 새의 큰 부리에다 담뱃재를 터는 학대도 했다고 해요.

그 날개가 오늘날의 시요, 시인의 상상력입니다. 하늘 위 시의 세계를 날아다닐 때는 어마어마한 힘을 발휘하는 날개가 땅 위의 현실 세계에서는 기가 막히게도 보행을 방해하지요. 시인들이 참 살아가기 힘든 세상입니다. 내가 여기서 말하는 시인詩人은 실제로 시집을 출간하고 문인으로 등

---

1   한자문화권에서는 앨버트로스를 신천옹信天翁이라 불렀습니다.

록되어 있는, 시를 쓰는 사람들을 뜻하는 게 아닙니다. 이 책을 읽는 여러분을 뜻하는 것입니다.

별을 노래하는 마음을 가지고, 풀잎의 괴로움을 가지고, 죽는 날까지 부끄러움이 없이 살려고 노력하는 사람들. 그래서 서로 눈과 눈을 마주치면서 별을 보고 하늘을 보는 여러분이 시인입니다.

어쩌면, 시를 쓴다는 것은, 시인이 된다는 것은 바람개비의 원리를 아는 일일지 몰라요. 그냥 바람을 기다리지 않고 뛰어가는 것이죠. 바람이 불지 않아도 앞을 향해 달려가면 맞바람이 불고 바람개비는 돕니다. 살아 있는 것처럼 힘차게 움직입니다.

빨리 뛰면 뛸수록 바람개비는 빨리 돌아갑니다. 그리고 머리카락이 바람에 나부끼는 것을, 얼굴이 달아오르고 가슴이 뛰는 것을 누구나 느낄 수 있어요. 돌아가는 것이 손에 든 바람개비만이 아니라는 것을 알게 됩니다. 바람개비를 돌리는 것은 밖에서 부는 바람이 아니라 박동하는 내 심장입니다. 숨찬 나의 입김이었고 뛰는 다리입니다. 다리가 떨리지만 않는다면, 가쁜 숨결이 멈추지만 않는다면, 심장이 터지지만 않는다면 바람이 불지 않아도 나의 바람개비, 우리의 바람개비는 영원히 돌아갈 것입니다. 돌지 않는 바람개비는 이미 바람개비가 아닙니다. 풍차가 물을 퍼 올리고 방아를 찧는 것은 그것이 돌아가고 있기 때문입니다. 모든 것의 동력은 돌아

가는 바퀴에서 생겨납니다.[2]

 이게 바로 시인의 마음이지요. 황동규黃東奎 시인의 시 〈나는 바퀴를 보면 굴리고 싶어진다〉(1978)가 떠오릅니다. '보인다, 굴리고 싶어진다, 노점에 쌓여 있는 귤,/ 옹기점에 엎어져 있는 항아리, 둥그렇게 누워 있는 사람들,/ 모든 것 떨어지기 전에 한번은 날으는 길 위로.' 시인은 그렇게 말합니다.

시 Poem와 시인 Poet의 어원인 고대 그리스어 명사 Poietes는 원래 '만들다(Poieo, 영어로는 Make)'라는 뜻입니다. 만든다는 것은 없던 것을 새로 있게 하는 것이지요. 물건을 만드는 사람은 기술자고 마음이나 꿈을 만드는 사람은 시인이에요.

언어와 상상력을 가지고 시를 만들었는데, 그 시가 현실이 되면 어떻게 될까요?

조선시대를 생각해 봅시다. 여자로 태어나 압박받고 대문 밖으로 나가 보지도 못하고 살던 사람이 한 번쯤은 나도 살아야겠다 할 때는 춘향이처럼 밖으로 나가 그네를 타요. 그러니까 서정주의 〈추천사〉 같은 아름다운 시가 나오게 되는 거지요. 여기서 '추천鞦韆'은 그네를 말합니다.

'산호도 섬도 없는 저 하늘로/ 나를 밀어 올려 다오./ 채색한 구름같이 나

---

2   이어령,《그래도 바람개비는 돈다》, 동화서적, 1992.

를 밀어 올려 다오./ 이 울렁이는 가슴을 밀어 올려 다오!'라는 시의 화자話者는 춘향이입니다. 춘향이의 입으로 노래합니다.

그네가 하늘을 향해 차고 올라도 땅으로 돌아올 수밖에 없는 운명이죠. 그럼에도 간절한 초월의 의지를 놓지 않는 것이 이 시가 노래하는 마음입니다. '산호도 섬도 없는 저 하늘'을 꿈꾸는 소망 말이죠.

이렇게 그네를 타고 구르면 '서西으로 가는 달 같이는 아무래도 갈 수가 없다'지만 달 아래 구름까지는 갈 수 있지 않을까요?

이 그네를 타던 춘향이의 후예들이, 이제 막 개화되고 있던 일제시대의 조선에 나타납니다.

\#　　　여성의 비행, 그것은 시위입니다

　　　일제강점기에 최초의 여류 비행사가 세 명 있었습니다. 그 셋 중에는 친일을 한 사람도 있고, 중국에 가서 폭탄을 터트리겠다고 총독부에다 협박한 사람도 있지요. 지난 2005년 12월에 개봉한 영화 〈청연靑燕〉이 기억납니다. 이 영화는 우리나라 최초의 민간 여성 비행사 박경원朴敬元(본명 朴顯桶, 1901~1933)을 다루었어요. ▶청연

나는 남자들이 비행사가 되는 것은 현실적이라고 생각하지만 여류 비행사는 무슨 짓을 했건 시위라고 생각해요. 그네를 타던 춘향이, 여자로 태

어나 억압받고 살던 사람이 비행기를 타고 하늘로 올라가면 그 땅이 모두 눈 아래로 펼쳐집니다. 지금까지 우리는 한국을 땅에서 보고, 높은 곳에 올라서 본다고 해 봐야 겨우 산 위에서나 볼 수 있는데 하늘에서 우리를 내려다 볼 수 있게 된 것입니다.

어느 국문학자가 중국과 수교 후에 중국여행을 다녀왔다고 합니다. 산둥 山東성에 위치한 태산泰山을 갔대요. 당시만 해도 우리의 머릿속에 중국의 산 하면 태산이 먼저 떠올랐습니다. 조선 전기의 문신 양사언楊士彦 (1517~1584)의 시조 "태산이 높다 하되 하늘 아래 뫼이로다. 오르고 또 오르면···."에 나올 정도로 까마득한 산으로 알고 있었죠. 혹자는 중국에 대한 사대事大사상 탓을 합니다.

그 학자가 중국에서 마주한 태산은 오르지 못할 정도의 높이가 아니었어요. 우리의 지리산이나 설악산보다 낮은 산이었어요. 양사언의 산이 상상 속의 산을 태산이라 불렀다는 사실을 그제야 깨달은 겁니다. 어쨌건 비행기로 하늘을 날면서 상상은 깨어지기 마련이지만, 우리는 더 큰 상상을 하게 됩니다. 바로 우주로 나는 상상을 말이지요.

우리나라 최초의 우주인도 여성입니다. 이소연(1978~)은 2008년 4월 8일 오전 8시 16분 39초, 우주선 소유스 TMA-12를 타고 하늘을 가로질러 우주로 날아갔어요.

우주 국제 정거장에 157번째로 탑승한 이소연은 4월 19일까지 11일간 우주를 비행하고 무사히 귀환하였습니다. 전 세계적으로는 475번째, 여성으로서는 49번째 우주인, 아시아 여성 우주인 중에선 4번째 주인공이 되었죠. 이소연은 우주에서 지구를 보고, 지구 위에서 한반도를 보며 어떤 생각을 하였을까요? 혹시 영화 〈청연〉의 박경원을 떠올렸을까요? 서정주의 〈추천사〉를 떠올리며 춘향이의 벅찬 감동을 느꼈을까요?

청연

《동아일보》 1974년 7월 25일자 5면에 실린 〈여류비행사 박경원씨 40주제祭〉 기사를 부분 요약하면 이렇습니다. 박경원이 1933년에 사망해서 정확히는 41주기周忌가 됩니다.

> 40년 전 일본에서 활약하던 박경원 여사는 1933년 조국 방문 비행을 하기 위해 일본 동경의 하네다 비행장을 출발, 애기愛機 살무손 2A2형 청연호靑燕號를 조종하면서 우리나라로 오던 중 이륙한 지 50분 50초 만에 하코네 상공에서 구름에 덮여 방향을 잃고 아타미 시 부근에서 조난을 당했던 것이다.
>
> 이렇게 산화한 박 여사는 당시 일본 비행학교 출신으로 1928년에 2등비행사가 되었고 200시간의 비행시간을 가져 실력자로 꼽히는 자랑스런 한국 여성계의 선각자였던 것.
>
> 선배 항공인으로부터 박 여사의 행적을 오래전부터 들어왔던 여류 비행사 김경오 여사(대한항공협회 부회장)는 작년 4월 우리나라 여성항공협회와 일본 부인

항공협회가 자매결연을 맺게 되자 일본 여성 항공인들에게 박 여사의 조난 장소 기록 등을 찾아봐줄 것을 당부했다.

그후 일본 여성 항공인들은 일본 항공기록 등을 찾아보면서 여러 각도에서 추적, 박 여사의 조난지를 찾아내었고 그곳에서 이미 1934년 7월 박 여사의 모교였던 일본 비행학교의 학교장에 의해 조난 장소에 1m 넘는 자연석으로 조난비가 세워져 있음도 알았다.

8월 4일 박 여사의 40년제에 후배로서, 우리나라 여성 항공인 대표로 참가하게 되는 김경오 여사는 "하늘에는 국경이 없다는 진리를 이번 일본 항공인들의 우정으로 다시 한번 깨달았다. 박 여사는 체질상으로도 완벽한 항공인이라고 자랑스럽게 들어왔다"고.

우리나라 여성 항공인은 40년 전으로 거슬러 올라가 박경원→이정희(6 · 25 당시 납북)→김경오로 그 맥이 이어진다.

\#   해방의 날개로 손뼉을 치듯 날아갑니다

일제에 저항하면서도 휴머니즘이 있고, 죽음이라는 인간의 운명에 저항하여 우주에까지 올라가 임모탈immortal(죽지 않는, 불사의)한 영원과 불멸의 것을 추구하는 마음이 있었지요. 만약 이 시가 저항시이기만 하다면 그 시대의 군인이나 남성들만이 윤동주를 좋아했겠지요. 그러나 지금도 그렇지만 그때도 16~17세의 소녀들이 윤동주의 시를 읽으며 가슴 설렌 이유는 이 시가 단순히 '일본 사람에 대하여 투쟁하고 학도병 나가지 말아라' 하는 한 시대의 뉴스적 가치를 지닌 시가 아니기 때문입니다.

이 시는 일제시대, 한민족 모두에게 엄혹한 시기였지만 여인에게는 더욱 엄혹하였던 그 시기에 파일럿이 되어 하늘에서 한반도를 내려다본 것과 같은 해방감을 주는 시이기 때문에 그때도 지금도 여성, 특히 소녀들에게 인기가 있는 것입니다. ▶윤동주와 여성

'해방감'을 이야기하자니 에밀 아자르^{Emile Ajar}(본명 Romain Gary · 1914~1980)의 소설 《자기 앞의 생^{La vie devant soi}》에 나오는 모모가 생각납니다. 모모는 지중해에서 날아가는 갈매기를 보면서 "사는 것이 몹시 기뻐서 손뼉을 치듯이 날아간다"고 묘사했지요.

모모의 밝은 심리적 상태가 투영되었기에 '손뼉'으로 표현한 것입니다. 실제로 손뼉을 통해 자신의 마음과 생명의 리듬을 표현할 줄 아는 생물은 오직 인간뿐이라고 해요.

윤동주와 여성

윤동주의 시가 소녀들에게 인기를 얻는 이유는 다양합니다. 윤동주의 시 〈사랑의 전당殿堂〉(1938)에는 여성형 이름인 '순順'이 등장합니다. 아픈 사랑을 떠올리게

하는 시입니다. 예컨대 "우리들의 사랑은 한낱 벙어리였다(4연)"고 고백합니다.

윤동주가 1939년에 쓴 〈소년〉이라는 시에도 여인이 등장합니다. 이름은 순이順

伊. "강물 속에는 사랑처럼 슬픈 얼굴 ─ 아름다운 順伊의 얼굴이 어린다"고 노

래합니다. 산문시 〈눈오는 지도〉(1941)의 첫 마디가 '순이'로 시작합니다. 순이가

떠나는 날에 함박눈이 내린다는 내용입니다. 첫 행이 '順伊가 떠난다는 아침에

말 못 할 마음으로 함박눈이 내려, 슬픈 것처럼 창窓밖에 아득히 깔린 지도地圖

위에 덮인다'로 표현되어 있어요.

'순' 혹은 '순이'는 실제로 윤동주가 사랑하던 사람을 떠올리게 합니다. 그에게

이루지 못한 사랑이 있을까요? 안타깝게도 오래도록 명확하게 드러난 '사실'은

없습니다. 다만 정병욱鄭炳昱(1922~1982) 교수가 1976년에 나온 《나라사랑》(23

집)에서 처음으로 윤동주의 여성관계를 공개한 적이 있습니다. 인용하면 이렇습

니다.

시내라고도 할 수 없는 북아현동으로 왜 하숙을 옮겼느냐는 문제이다. 실은

이 북아현동에는 동주 형의 아버님 친구로서 전에 교사를 하다가 전직을 하

여 실업계에 투신한 지사志士 한 분이 살고 계셨다. 동주 형은 그분을 매우

존경했고 가끔 그분 댁을 찾기도 했었다. 그런데 그분의 따님이 이화여전 문

과의 같은 졸업반이었고, 줄곧 협성교회와 케이블 목사 부인이 지도하는 바

이블 클래스에도 같이 참석하고 있었다. 동주 형은 물론 나이 어린 나에게 그

여자에 대한 심정을 토로한 적은 없었다. 그러나 그 여자에 대한 감정이 결코

평범하지 않았다는 것만은 피부로 느낄 수 있었다. (하략)

정병욱 교수는 윤동주의 연희전문 2년 후배인데 1940년에 입학하였습니다. 훗날 연세대와 서울대 교수를 지냈습니다. 정병욱은 윤동주의 시 19편을 묶은 친필 유고《하늘과 바람과 별과 시》를 오래 간직했다가 세상에 널리 알렸지요. 어쨌든 '그분 따님'이 바로 '순' 혹은 '순이'였을까요?
또 다른 일화로 도쿄 유학 시절 함북 온성에 있는 어느 목사의 딸인 박춘혜를 사랑했다는 증언(윤동주의 6살 손아래 누이동생 윤혜원)도 있습니다. 그러나 박춘혜는 법학을 전공한 남자와 결혼한 것으로 알려져 있습니다. (참조: 송우혜,《윤동주 평전》)

과학은 우리에게 다른 꿈을 꾸게 합니다

하늘을 날고, 우주 밖으로 나는 상상이 점점 현실로 되어가고 있어요. 얼마 전까지만 해도 우리나라는 자력으로 인공위성 못 띄우는 국가였어요. 날개가 없었으니까요. 하늘로 향한 우리의 꿈을 시인의 상상력 외에는 스스로 풀어내지 못했어요. 지상의 역사주의, 국가주의를 넘어서는 꿈을 실현시킬 수 없었던 것이죠. 속상하게도 '한국인은 뜨는데, 날지는 못했다'는 말이 회자되었어요.

옛날 중세 수도사들은 신앙을 믿으면서, 그 믿음으로 하늘을 날아가려는 시도를 한 적이 있었죠. 이들을 '플라잉 몽크Flying Monk'라고 불렀어요.

대표적인 이가 11세기 영국 베네딕토회 소속 맘즈버리Malmesbury 수도원의 아일머Eilmer 수도사였습니다. 그는 그리스 신화의 다이달로스[3] 편을 읽고 손과 발에 날개를 고정시켜서 수도원의 첨탑 꼭대기에서 뛰어내렸다고 합니다. 어쩌면 날개 달린 천사의 상상력을 진리로 착각하여 다이달로스처럼 날아갈 수 있으리라 믿었던 것은 아니었을까요?

현실은 냉혹했어요. 그는 추락했고 두 다리를 부러뜨렸고 이후 절름발이가 됐다고 합니다. 현대 과학자들은 그가 비행한 거리를 200m쯤으로 추정하고 있습니다.

비록 추락하고 말았지만 그의 비행 노력은 대단했고 놀라웠어요. 짧은 순간이나마 꿈을 이룬 것이지요. 지금도 맘즈버리 수도원의 성당에 그의 모습이 담긴 스테인드글라스 창이 있다고 합니다.

한국도 현재 한국형 발사체 '누리호'KSLV-Ⅱ, Korea Space Launch Vehicle를 우주로 쏘아올리려고 노력중입니다. 2021년 첫 발사가 실패했지만, 2022년 6월 두 번째 시도가 이어질 예정이에요. 누리호는 우리 기술로 만든 자력 발사체입니다. 이것이 대기를 뚫고 우주로 날아간다면, 우리나라는 7대 우주 강

---

3 오비디우스의 《변신 이야기》에는 다이달로스와 이카로스의 이야기가 수록되어 있습니다. 이카로스는 아버지 다이달로스가 만들어준 날개를 펴고 태양을 향해 높이 날다가 추락하고 말지요.

국으로 우뚝 서게 됩니다.[4]

누리호는 한국항공우주연구원(이하 항우연)이 개발한 대한민국 최초의 저궤도 상공(600~800km) 실용 인공위성 발사용 로켓입니다. 3단 로켓으로 총 무게는 200톤. 길이는 아파트 15층 높이인 47.2미터이며, 최대 직경은 3.5미터에 이릅니다.

앞서 2013년 1월 30일 전남 고흥 나로우주센터에서 한국 최초 우주발사체 '나로호'가 발사됐는데 그때 1단 로켓은 러시아에서 제공받은 것이었어요. 하지만 누리호는 제작, 설계, 발사까지 전 과정을 독자적인 우리 기술로 완성했어요.

심지어 최초의 달 탐사선 '다누리'도 2022년 8월 발사를 준비하고 있습니다. 12월 다누리가 달 궤도에 안착하면 세계 7번째 달 탐사국이 됩니다.[5] 1992년 인공위성 '우리별 1호'를 쏘아 올려 우주 탐사 첫걸음을 시작한 이래 꼬박 30년 만에 달 탐사선을 만들 수 있게 됐어요.

꿈이 현실로 이뤘다는 점에서 의미가 있지만 그렇다고 시인의 상상력이 고갈될 가능성은 희박합니다. 과학적 진보 위에서 또 다른 상상력이 터져 나올 테니까요. 꿈에는 제한이, 한계가 없습니다. 톰 웨이츠Tom Waits라는 가수는 〈네 꿈에는 죄가 없다Innocent When You Dream〉고 노래했지요.

4　누리호 2차 발사는 2022년 6월 21일 이루어져, 시험 위성이 성공적으로 궤도에 안착했습니다.

5　달 탐사선 다누리는 2022년 8월 5일 발사에 성공, 같은 해 12월 27일 달 궤도에 진입했습니다.

4장　하늘에서 내려다보면 자신이 보입니다

\#　　거울을 들여다보는 이유

윤동주가 만약 별이 되었다면, 별을 노래하는 것이 아니라 별 그 자체가 되었다면, 땅을 내려다보면서 어떤 시를 썼을까요. 윤동주의 다른 시 〈자화상〉에서는 이미 시인을 초월해서 하늘에서 내려다보는 모습이 나타납니다.

산모퉁이를 돌아
논가 외딴 우물을 홀로 찾아가선
가만히 들여다봅니다

우물 속에는 달이 밝고
구름이 흐르고
하늘이 펼치고
파아란 바람이 불고
가을이 있습니다.

그리고 한 사나이가 있습니다.
어쩐지 그 사나이가
미워져 돌아갑니다.

돌아가다 생각하니
그 사나이가 가엾어집니다

도로 가 들여다보니
사나이는 그대로 있습니다

다시 그 사나이가
미워져 돌아갑니다

돌아가다 생각하니

그 사나이가 그리워집니다

우물 속에는 달이 밝고
구름이 흐르고
하늘이 펼치고
파아란 바람이 불고
가을이 있고
추억처럼 사나이가 있습니다

윤동주의 〈자화상〉(전문)

시적 화자는 산모퉁이를 돌아 논가 외딴 우물에 찾아가서 우물 속을 가만히 들여다봅니다. 우물 속에 비친 달, 구름, 하늘을 보게 되지요. 그리고 흔들리는 우물을 보고서 파아란 바람이 불고 있다고 느끼고 그제야 가을임을 새삼 깨닫게 됩니다.

그리고 한 사람이 있습니다. 우물에 비친 그 사람이 미워져 고개를 돌립니다. 그러나 가다가 생각하니 그 남자가 가여워져서 다시 돌아와 우물을 마주합니다. 또 미워집니다. 자기 연민과 자기 혐오 사이를 왔다 갔다 합니다. 시를 읽는 사람도 함께 슬퍼집니다.

문학평론가 송희복은 《윤동주를 위한 강의록》에서 윤동주의 우물을 거울로 봅니다. 우물 속의 자신을 들여다보면서 자신을 발견하는 것으로 이야기합니다. 일부를 소개하면 이렇습니다.

이런 행위(우물 속 자신을 들여다보는 행위-편집자)를 되풀이하면 세상의 유혹에서 벗어나게 하는 효과가 있어 언행이 항상 조심스러워지겠죠. 한자문화권 사람들은 예로부터 역지사지易地思之니 신독愼獨이니 하면서 일종의 거울을 비추어보는 자아의 반성을 생활 속에서 추구해 왔던 것입니다. 윤동주도 유교적 교양이 몸에 배어 있었기에 생활 속의 자기반성, 참 자기의 찾기가 가능해졌으리라고 보입니다.[1]

거울 밖의 '나'와 거울 속의 '내'가 동일한데도 같다고 느껴지지 않는 것은 일종의 심리 질환일 수도 있어요. 이를 이인현상離人現象 Depersonalization Phenomena 이라고 말합니다. 증세의 심각성에 따라 이인성 장애, 이인증이라고 부릅니다.

하지만 이 시를 보면 윤동주는 이미 땅 위의 인간, 시인을 초월했어요. 우물 속을 들여다보니까 제 얼굴이 있을 텐데 그것을 '낯선, 이상한 사람'이 있다고 이야기합니다. 이 사람은 이미 위에서 자기 자신을 내려다보고 있는 것입니다.

---

1   송희복,《윤동주를 위한 강의록》, 글과마음, 2018, 154쪽.

윤동주가 우물 속의 자신을 들여다보는 행위는 일종의 '반성적 사고'입니다. '참 자기찾기'인 것이죠. 그런 점에서 현실의 어려움을 겪고 있는 자아를 들여다본다는 것은 일종의 격려 혹은 박수치는 행위와 다름이 없지요. 저항하고 비난하는 어게인스트against의 '손뼉'이 아니라 동의하고 창조하는 포for의 '손뼉' 말입니다. 그러니 우물을 내려다보고 자신과 마주하며 해방감을 느낄 수 있는 겁니다. 아동 심리학자에 따르면 어린아이는 엄마의 얼굴을 보면서 자기와 동일시한다고 하지요? 엄마 얼굴 속에 자신과 닮은 모습을 발견하는 것을 미러링Mirroring이라고 합니다.[2] 미러링을 통해 아이는 편안함과 해방감을 느끼게 됩니다. 프로이트Sigmund Freud(1856~1939)의 심리학 이론을 빗대어 설명하자면 적절한 성역할을 배우고 부모의 가치를 수용해 초자아(사회적 가치와 도덕, 이상을 내면화한 자아)를 발달시키게 됩니다.

우리는 윤동주를 일제강점기 역사 속에서 사람의 마음을 울린 저항시인으로 알고 있지만, 만약 윤동주가 역사적 차원에서 저항시로만 〈서시〉를 썼다면 광복 후에도 우리의 가슴을 울리지는 않았겠지요. 윤동주의 시는 우리 생각의 틀을 한 번 더 깨주고 더 큰 세상을 바라볼 수 있는 시야를 만들어 주었던 것입니다.

앞으로 한국인이 할 일은 날개를 달고 하늘을 나는 일, 하늘에서 한국을

---

2   송희복, 《윤동주를 위한 강의록》, 글과마음, 2018.

내려다보는 별이 되는 일입니다. 그것이 우리 역사 속에서 천지인의 천天을 가지는 일입니다. 윤동주는 하늘로 올라가는 그 길이 아름다운 포물선임을 가르쳐준 시인입니다.

여기, 거울을 바라보는 두 남자의 초상이 있습니다

윤동주의 시를 읽으며 이상李箱(1910~1937)의 시 〈거울〉을 떠올립니다. 두 시는 아주 대조적이죠. 이상의 시는 형태도 띄어쓰기를 무시하고 단어나 구절을 붙여 씁니다. 마치 분열된 자아의 내면 심리를 드러내는 듯하죠. 무의식의 세계를 무의식의 상태로 대할 때 거기서 솟아오르는 이미지의 흐름을 그대로 기록하는 방법을 자동기술법이라 합니다. 시 〈거울〉은 현실과 거울 속 세계, 또 현실의 '나'와 거울 속의 '나'가 대칭 구조를 이루고 있습니다. 그리고 좀 더 크게는 거울이 현실의 '나'와 거울 속의 '나'를 매개시켜 주는 긍정적인 의미를 지니는 동시에 차단시키는 부정적인 의미도 지닙니다.

거울속에는소리가없소
저렇게까지조용한세상은참없을것이오

거울속에도내게귀가있소
내말을못알아듣는딱한귀가두개나있소

거울속의나는왼손잡이오
내악수握手를받을줄모르는— 악수握手를모르는왼손잡이오

거울때문에나는거울속의나를만져보지를못하는구료마는
거울이아니었던들내가어찌거울속의나를만나보기라도했겠소

나는지금至今거울을안가졌소마는거울속에는늘거울속의내가있소
잘은모르지만외로된사업事業에골몰할게요

거울속의나는참나와는반대反對요마는
또꽤닮았소
나는거울속의나를근심하고진찰診察할수없으니퍽섭섭하오

이상의〈거울〉(전문)

이 시는 우리들 내면에 존재하는 두 자아의 분열 양상을 그리고 있습니다. 거울 속 세계가 조용하다는 것은 거울 밖 세계는 시끄럽다는 의미인데, 거울 속에 있는 귀가 알아듣지 못하기 때문에 비극이 생깁니다. 그래서 거울 밖의 내가 악수를 청하지만 거울 속의 나는 왼손잡이여서 화해를 할 수 없게 됩니다. 그제야 깨닫게 됩니다. 거울을 매개로 두 자아가 만날 수 있지만 동시에 거울로 인해 두 자아의 만남이 결코 이뤄질 수 없다는 것을 말이죠.

마지막 연에 가서는 두 자아가 완전히 분리돼 '퍽 섭섭하다'고 말하는 것으로 끝이 납니다. 현실적 자아와 본질적 자아의 분리가 거울을 통해 확인되지만 이 분열된 자아를 어찌할 수 없습니다. 이상의 〈거울〉은 현실을 돌파할 어떤 가능성도 찾을 수 없는 비극입니다.

그러나 윤동주는 다릅니다. 달랐습니다. 늘 현실의 어려움을 이겨내려고 했고 뛰어넘으려 했습니다. 윤동주에게 '길'은 끊임없이 자신의 내면을 들여다보는, 자아 성찰과 탐색의 공간입니다. '길'은 인생 그 자체입니다. '길'에서 만나는 '끝없이 이어지는 돌담'은 황폐하고 삭막한 현실을 드러내지만 결코 포기하지 않고 '풀 한 포기 없는 이 길'을 걷습니다.

잃어버렸습니다.
무얼 어디다 잃었는지 몰라
두 손이 주머니를 더듬어
길에 나아갑니다.

돌과 돌과 돌이 끝없이 연달아
길은 돌담을 끼고 갑니다.

담은 쇠문을 굳게 닫아
길 위에 긴 그림자를 드리우고

길은 아침에서 저녁으로
저녁에서 아침으로 통했습니다.

돌담을 더듬어 눈물짓다
쳐다보면 하늘은 부끄럽게 푸릅니다.

풀 한 포기 없는 이 길을 가는 것은
담 저쪽에 내가 남아 있는 까닭이고,

내가 사는 것은, 다만,
잃은 것을 찾는 까닭입니다.

윤동주의 〈길〉(전문)

윤동주가 불모不毛의 메마른 길을 걷는 것은 '담 저쪽에' 있는 자신, 즉 잃어버린 자아를 찾기 위함입니다. 물론 '길'과 '돌담'이 분리되어 있어 참된 자아를 찾기 어렵습니다. 그래서 '돌담을 더듬어 눈물짓게' 됩니다. 그러나 '하늘'을 보며 희망을 찾습니다. '하늘'은 자신을 비춰 성찰하는 거울과 같습니다.

마지막 연이 인상적입니다. 시인이 살아야 하는 이유를 보여줍니다. '잃은 것', 즉 잃어버린 나(참된 자아)를 되찾겠다는 굳은 의지와 결연한 사명을 엿볼 수 있습니다.

\#   왜라고 묻는 대신 '어떻게'라고 물읍시다

     일제강점기 시절에 한국인들은 전래 민요 〈청춘가〉의 가락에다 이런 노랫말을 붙여 불렀어요.

"떴다 보아라, 안창남의 비행기. 내려다 보아라, 엄복동의 자전거."

안창남安昌男(1901~1930)은 우리나라 최초의 비행사였고 엄복동嚴福童(1892~1951)은 자전거 레이서였어요. 땅 위에서는 일본에 징용으로 끌려가고 하던 한국인이 자전거 레이스에서 일본에 이기는 겁니다. 그것이 순

전히 애국심, 민족 그런 차원에서만 가능했을까요? 우리가 하늘을 난다는 꿈이 일본에 저항한다는 것과 마침 마주쳤을 뿐, 하늘을 난다는 것 자체는 우리 마음속에 늘 존재하고 있었습니다. ▶근대의 두 얼굴

그랬기에 오랜 일제강점기를 겪으면서도 꿈을 꾸고 고운 시를 쓰며 가슴 속 벅찬 노래를 부를 수 있었습니다. 또한 단순히 광복을 이루면 모든 것이 해결되리라, 맺힌 것이 저절로 풀리리라 생각지 않았어요.

만약 일본에서 해방만 되면 모든 문제가 해결되는 것이었다면, 일본에서 해방된 지금 우리나라는 천국이 되었어야 하는데 아니잖아요. 광복을 맞았지만, 여전히 죽음의 문제, 사랑의 문제 등이 미완으로 남아 있어요. 영원히 풀 수 없을 겁니다.

이처럼 존재론의 문제는 여전히 남아 있습니다. 식민지에서 독립해서 그 정치적 문제를 해결했을지 몰라도 우리가 지금 겪고 있는 정치, 경제, 사회 이 문제는 해방으로 풀릴 문제가 아니라는 거지요.

지금 지상의 목표가 되어있는 통일도 그렇습니다. "우리의 소원은 통일, 꿈에도 소원은 통일"이라며 통일만 되면 우리 잘살 수 있다, 통일만 하면 우리가 가지고 있는 모든 문제들이 다 해결된다고 생각하면 오히려 통일이 안 되는 겁니다. 통일이 소원이 아니라 통일 이상의 것을 소원으로 가졌을 때 비로소 통일이 됩니다. 우리만이 아니라 북한도 마찬가지입니다. 지금 통일만 되면 해결된다는 그 문제만 가지고도 우리와 북한의 이해관계가 달라요. 그러니 안 되는 겁니다.

내가 지금 무슨 이야기를 하고 있는지 아시겠어요? 지금까지 해 온 논리, 지금까지 우리가 살아온 것 가지고는 안 된다는 이야기를 하고 있는 것입니다. 뛰어넘어야 해요.

그럼, 어떻게 뛰어넘으면 좋을까요? 스티브 잡스^{Steve Jobs}(1955~2011)가 2005년 6월 스탠퍼드 졸업식에서 한 표현을 빌려서 말해 볼까요?

우리의 시간은 많이 남아 있는 것처럼 보이지만 유한입니다. 그리고 세상이 너무 빨리 변하고 있습니다. 기성 사회의 문턱이 너무 높은 데다 '꼰대' 같은 그들은 새로운 도전을 마뜩잖게 여깁니다. 실패에도 너그럽지 않습니다.

그러나 말하고 싶습니다. 자기 시간을 버려 가며 남의 인생을 살지 마세요. 나지막한 소리일망정 내면의 소리에 응답하세요. 내 소리가 남의 소리에 짓밟히지 않도록 쫑긋 귀를 세우십시오. 스티브 잡스는 이렇게 말합니다.

"그리고 가장 중요한 것은, 용기를 내어 여러분의 가슴과 직관을 따라가는 것입니다. 여러분은 진정 자신이 무엇이 되고 싶어 하는가를 이미 똑똑히 알고 있습니다. 그 밖의 모든 것들은 부차적인 것입니다."

덧붙여 나는 이렇게 말합니다. 이 말은 1983년 펴낸《젊음이여 어디로 가는가》(갑인출판사)의 머리말에 나오는 문장입니다. 조금 수정하고 요약하여 말합니다.

묻는 말에 잘 대답할 줄 아는 똑똑한 아이가 되기보다는 거꾸로 궁금증을 묻고 또 묻는 그런 바보스런 아이이기를 희망합니다.

원래 모르는 사람이 묻고, 아는 사람이 그 대답을 내리는 것이 이치에 어울리는 일이죠. 그러나 초등학교에만 들어가도 이러한 이치는 정반대로 바뀝니다. 즉 잘 아는 사람이 묻고 잘 모르는 사람이 대답을 해야만 되는 것, 그것이 시험이라는 제도입니다.

시험을 치르는 습관 속에서 여러분들은 〈물음〉의 의미를 상실해 가고 있습니다. 중요한 것은 오직 〈해답〉뿐이라고 생각하죠. 알고 싶다는 욕망보다는 경쟁에서 이겨야 한다는 승리에의 욕망이 앞서게 됩니다.

그러나 아들이여, 결코 잊어서는 안 됩니다. 해답보다는 물음이 있는 곳에 새로운 삶이, 새로운 지식이 그리고 새로운 운명의 문이 열린다는 것을 잊어서는 안 됩니다.

여러가지 물음 속에서 여러가지 인생이 나타납니다. 물음은 하나의 덫인 것입니다. 생의 의미를 잡는 하나의 덫인 것입니다.

조급히 해답을 얻으려고 시험을 치듯 연필 끝을 그렇게 빨지 않아도 좋습니다. 우선 묻고 또 묻는 것입니다. 그러나 이 고통을 피해서는 안 됩니다.

가까이 오라. 딸이여, 내일의 한국인이여. 어제와 오늘의 이 산하를 향해 물어라. 천년 후에 얻어지는 대답이라 할지라도 물어라. 메아리가 없어도 물어라.

시인 김상용金尙鎔(1902~1951)이 쓴 〈남南으로 창을 내겠소〉의 마지막

행은 '왜 사냐건 웃지요' 입니다. 이 시의 화룡점정 畵龍點睛 이지요.
남쪽으로 낸 창문, 밭갈이, 구름과 새 노래, 그리고 강냉이를 함께 먹으며
지내는 그 생활은 모두가 '어떻게 사느냐'에 답하는 삶의 양식입니다. 그
런데 그 '어떻게'가 갑자기 튀어나온 '왜'라는 그 물음에 의해 핸들을 꺾
고 급회전을 합니다.

그러면 삶의 양식이 '삶의 본질'로, 요즘 말로 하면 '노하우 knowhow'에서
'노와이 knowwhy'로 패러다임이 바뀌게 됩니다. 개미들은 어떤 문제가 발생
하면 '왜?'라는 원인을 따지는 것이 아니라 똑바로 '어떻게!'라는 해결로
돌진한다고 합니다. 그러나 인간은 잘된 일이든 못된 일이든 우선 '왜'라
고 묻는 버릇이 있습니다.

이러한 물음에 대답하는 것이 바로 근대 합리주의의 삶이며 모든 것을 이
성과 법칙으로 설명하려고 한 서구의 로고스 중심주의 사상입니다.

근대의 두 얼굴

안창남과 엄복동은 근대의 얼굴입니다. 안창남은 대한민국 최초의 민간 비행사,
엄복동은 수많은 자전거 대회에서 일본인을 물리친 철각의 영웅이었죠.
1936년 베를린 올림픽에서 마라톤의 영웅 손기정 孫基禎(1912~2002)이 등장하
기 전까지, 안창남과 엄복동은 식민지 한국인의 긍지를 세운 거인이었습니다. 또
한 두 영웅이 몬 비행기와 자전거는 근대를 앞당긴 신문물의 상징이기도 했어요.

중추원 의관의 아들인 안창남은 17세 때 미국인 비행사(아트 스미스)가 한반도 상
공에서 펼친 곡예비행에 반해 비행사를 꿈꾸며 1919년 일본으로 건너갔습니다.
도쿄의 비행기 제작소에서 비행기 제작기술을 익힌 뒤 1920년 오쿠리 비행학교
에 입학, 석 달 만에 3등 비행사가 되죠. 1922년 11월 6일 일본제국 비행협회가
주최한 도쿄-오사카 간 왕복 우편비행대회에서 최우수상을 타면서 비행사의 꿈
을 이뤘습니다.

안창남이 1923년《개벽》1월호에 발표한 〈공중에서 본 경성과 인천〉은 벅찬 감
격의 글입니다. "한강의 물줄기는 땅에서 보던 것보다 몇 갑절 푸르게 보이고, 빛
고운 남색의 비단 허리띠를 내던져 놓은 것 같다"고 한 표현은 당대 어느 문인보
다 문학적이고 사실적입니다. 경복궁 안 대궐을 "우거진 잡초를 덮어쓴 집같이
한산하고 쓸쓸하다"고 한 표현은 식민지 현실을 은유적으로 드러내고 있지요.
은륜銀輪의 왕 엄복동은 식민지 자전거 대회에서 일본 선수들을 물리친 불세출
의 영웅이었습니다.

그가 유년시절을 보냈던 서울 관철동엔 중국인 피혁상들이 많았습니다. 피혁을
주로 자전거로 실어 날랐는데 자전거포 점원을 하며 자전거 기술을 익혔다고 전
해집니다. 22세 때인 1913년 '전全조선 자전거대회'에서 우승하면서 유명세를
탔어요. 일제의 방해와 회유에도 우승을 놓치지 않았다고 하지요.
《조선일보》1923년 5월 7일 자 기사 〈자전거계의 비장飛將… 20회 경주의 월
계관은 엄복동 군〉에 '꿩을 쫓는 매의 형세'로 달려 일본인 선수를 앞지른다는
내용이 나옵니다. 이튿날 5월 8일 자 〈자전거 경기회 최종의 결승전에 1등은 일

본 사람이, 엄복동은 3등으로) 기사는 엄복동이 억울하게 3등을 차지하자 성난
군중이 소란을 피워 체포됐다는 내용을 소개합니다. (《월간조선》 2017년 8월호 참조)

\#   우리가 메르스, 코로나로 깨달은 사실이 무엇이었습
니까

    2015년 중동의 메르스가 한국으로 왔을 때, 2020년 코로나바
이러스 감염증(코로나19) 팬데믹이 세계를 덮쳤을 때를 기억해 보세요. 메
르스, 코로나19와 같은 문제를 정치로 해결할 수 있다면 얼마나 좋겠어
요. 국회에서 여당과 야당이 모여서 "이쯤에서 코로나, 메르스를 끝내는
것으로 합시다." 표결하고 만장일치로 의사봉 탕탕 내려치는 걸로 끝내는
것이 가능해요? 인간으로서 할 수 있는 한계가 있어요.
이머징 바이러스Emerging Virus ▶이머징 바이러스는 우리보다 몇십 배 빠른 진화
를 합니다. 바이러스는 세균과 달라요. 세균Bacteria은 혼자서 살고 환경만
맞으면 스스로 번식합니다. 그런데 바이러스는 보통 때는 그냥 물질, 결정
체로서 존재하고 있다가 살아있는 세포와 마주치면 새끼를 칩니다. 우리
몸 안에 들어오는 순간 인간의 세포를 이용해 번식을 하는 것과 동시에
진화를 합니다. 그런데 이 진화 속도가 얼마나 빠른지 이 바이러스를 연

구해 퇴치할 방법을 찾아내면 벌써 이 바이러스는 그 이상으로 저만큼 진화되어 가 있습니다. 인간의 노력으로는 안 되는 겁니다.

이머징 바이러스를 아는 것은 정치 문제도 경제 문제도 아니고 과학의 문제이자 인간의 문제입니다. 인간이 바이러스를 이길 수 있을까요? 현재까지는 딱 한 번 이겼습니다. 천연두. 인간이 극복한 바이러스는 천연두밖에 없습니다. 이런 것을 생각해보면 정치, 경제가 굉장히 중요한 것 같아도 인간이 사는 생명의 문제만큼은 아닙니다. 생명만큼 귀중한 것은 없고, 생명을 다루는 문제 앞에서는 정치 경제는 저 하위의 후순위로 밀려납니다. 생명의 문제가 걸렸을 때는 아무리 돈 많은 사람이라도 전 재산 다 드릴 테니 살려달라고 하지 않겠어요? 그런데 지금 누구도 이 귀중한 생명을 말하지 않습니다. 다들 돈, 돈, 돈만 이야기하고 있지요.

그동안 우리가 살아온 산업화, 민주화 과정에서 최고의 가치이자 목표였던 것은 돈과 인권이었습니다. 그러나 21세기에는 돈도 인권, 자유의 문제가 아닌 이머징 바이러스나 이웃 사랑의 문제가 가장 크고도 중요한 문제입니다.

농담 같지만 이런 비유를 해 볼게요. 여러분이 정말 사랑하는 사람이 있었는데 그의 마음이 돌아서서 헤어지게 되었어요. 국회의원에게 그 마음을 풀어달라고 하면 가능할까요? 어머니, 아버지에게 그 사람의 마음을 풀어달라고 매달려 볼까요? 어디 은행에 가서 "나 돈 좀 꿔주세요, 돈으로라도 그의 마음을 돌려보게." 해서 돈 가지고 그를 잠시 돌려세운다면 그의 마음이 돌아온 것은 아니잖아요. 돈 때문에 온 것이지요. 그러니 이 인간의 마음, 생명, 사랑은 세상의 그 어떤 것보다 귀중한 것인데 지금은 가장 후순위로 밀려나 있어요.

오죽했으면 큐코노미(격리를 뜻하는 Quarantine + Economy), 코로노미 쇼크(Corona + Economy + Shock), 코로나 디바이드(Corona Divide)라는 신조어가 등장했을까요.

큐코노미는 코로나로 인한 경제상의 변화를, 코로노미 쇼크는 코로나로 인한 생활고와 매출 급감을, 코로나 디바이드는 코로나로 인한 이혼율 급증을 나타내는 말입니다. 코로나로 인한 우울증이나 심리적 무력감, 두려움을 나타내는 3단계 지표가 있는데 코로나 블루Corona Blue, 코로나 레드Red, 코로나 블랙Black이라고 하지요. 우울에서 분노, 절망으로 연결되는 과정을 어떤 식으로든 막아야 했지만, 세계적인 수준에서 코로나에 공동 대응하는 노력은 미흡했습니다.

이머징 바이러스

이머징 바이러스에 대해 부연설명을 할게요. 잘 들어 보세요.

우리가 겪었던 사스(중증급성호흡기증후군), 조류인플루엔자AI, 메르스(중동호흡기증후군), 코로나바이러스감염증-19 같은 것을 통틀어 이머징 바이러스라고 합니다. '이머징'이란 좋은 일이든 궂은일이든 그야말로 '한 번도 경험해 보지 못했던

일'이 갑자기 부상하는 현상을 일컫는 관형사지요.

지난 2012년 유럽질병통제센터^{ECDC}가 메르스 감염실태를 그린 세계 지도를 보면 그 발생지인 사우디아라비아를 제외하고 환자 수 세 자리에 사망자 수 두 자리는 한국밖에 없어요. 진원지에 바로 등을 붙이고 있는 쿠웨이트, 예멘도 두세 명이고 유럽은 말할 것도 없고요. 유독 한국만이 환자 수 185명에 사망자 36명의 부끄럽고 슬픈 기록을 남겼어요. '어쩌 이런 일이⋯.'라고 말할 땐 이미 늦은 거지요.

20세기를 적혈구의 시대라고 하면 21세기는 백혈구의 시대라고 합니다. 에너지는 적혈구가 만들어냅니다. 국가로 치면 부국강병富國强兵이지요. 그러나 한 사람 한 사람의 자체 면역력으로 생명을 지켜가는 면역력은 백혈구가 합니다. 버락 오바마 전 미국 대통령이 에볼라 바이러스 완치 간호사를 포옹하는 사진이 크게 보도된 적이 있습니다.

궁극적으로 바이러스 앞에서는 정치권력도 경제력도 국력도 무력합니다. 개인의 몸 안에 있는 면역력, 그 생명력에 의존할 수밖에 없었던 것이지요. 그래서 나는 정보화 시대 다음에는 생명화 시대가 온다는 것을 강조해 온 것이지요.

시인인 사람과 시인이 아닌 사람

우리 인류가 코로나19를 이기기 위해 몸부림을 치는 동안, 팬데믹으로 돈방석에 앉은 기업도 많습니다. 미국의 다국적 제약사 화이자와 바이오제약사 모더나가 대표적인 경우죠.

심지어 20세기에 일어난 세계 1, 2차 대전을 보듯이 사람이 사람을 죽이는 무기를 만드는데 엄청난 돈을 들이고 있어요. 하늘에 떠 있는 인공위성, 그게 사실은 유도탄 만들다 만들어 낸 것이잖아요. 달나라를 도대체 왜 갑니까. 놀려고 가는 것 아니잖아요. 달나라 가는 연구를 하는데 들이는 돈의 1/10만 들여도 우리는 바이러스를 이길 수 있어요. 그런데도 바이러스와 싸워 이길 연구는 왜 안 합니까? 시장성이 없어서 그래요.

사람 죽이는 데에는 돈을 쓰고, 사람 살린다는 명목으로 특정 기업만 부자가 되거나 백신 양극화가 심화된다는 것을 알았을 때 그것을 누가 고발합니까? 정치인이, 경제인이 그 고발을 할 수는 없어요. 한통속일지 몰라요. 그것을 고발하는 것은 시인만이 할 수 있습니다. 여기서의 시인은 특정 시를 쓰는 사람을 이야기하는 것이 아닙니다. 나는 비록 짐승의 상태지만 끝없이 천사가 되는 꿈을 가진 사람은 시인이에요. "인간은 짐승이니까 짐승같이 굴어야 한다"고 말하는 사람은 현실주의자지요. "인간은 권력과 돈 앞에서 큰소리칠 수 없다, 소용없어"라고 포기하는 사람은 시인이 아니에요. 그러니까 이 세상에는 '시인'과 '시인이 아닌 사람'이 살고 있습니다.

허먼 멜빌Herman Melville(1819~1891)의 명작《백경白鯨》이 떠오릅니다. 소설의 135장 '심포니'에 나오는 대목입니다. 백경이 나타나기 며칠 전날, 에이허브가 뱃전에 기대어 뭍에 두고 온 젊은 아내와 아들을 생각하며 회한에 젖습니다. 일등 선원 스타벅이 뱃머리를 돌릴 것을 종용하지만, 피쿼드호의 선장 에이허브는 '운명의 힘'을 개탄하며 이렇게 말하죠.

"무엇인가, 그 무슨 알지 못할 힘이 내게 명령하는가. 인간은 이 세상에서 운명이라는 지렛대에 의해 돌고 돈다."

에이허브는 자신의 삶에서 패배자가 되더라도, 그 운명이 자신의 자유 의지와 무관하더라도 거대한 흰고래와 싸웁니다. 사투 끝에 자신도 죽고 피쿼드호도 침몰하고 말지만 말이에요.

영문학자 서강대 장영희張英姬(1952~2009) 교수의 첫 에세이집《내 생애 단 한번》에 이런 문장이 있더군요. 그는 여러 차례 병마와 싸웠지만 늘 희망을 자신의 편으로 삼았던 분입니다.

나는 운명론자도, 그렇다고 비운명론자도 아닙니다. 그러나 에이허브를 기억하려고 노력합니다. 설사 운명이란 것이 있어서 내가 내 삶의 승리자나 패배자가 되는 것이 나의 자유 의지와 무관하더라도, 나는 여전히 싸우겠습니

197

다, 에이허브처럼.

에이허브는 인간의 무능과 허약함에 반기를 들었고, 단지 삶이 그에게 주는 것은 무엇이든 받아들이는 동냥자루가 되기를 거부했습니다. 결국 그의 노력은 자신과 다른 사람의 죽음을 가져왔지만, 굴복하는 삶보다는 도전하는 죽음을 택한 것입니다.

시인은 어떤 어려움이 있어도 인간 영혼의 존엄을 잃지 않는 사람입니다. '시인 아닌 사람'은 어쩌면 맬서스나 홉스 같은 이의 머릿속에 존재하는 사람이 아닐까요?

\#   나눠 먹고 함께 먹는 동물은 인간이 유일합니다

영국 경제학자 토머스 맬서스^{Thomas Robert Malthus}(1766~1834)는 '인구법칙'을 주장한 학자입니다. 경제성장은 인구증가보다 더디게 나타나 결국 전반적인 번영은 불가능하다는 주장을 폈습니다. 다시 말해 인구는 기하급수적으로, 식량 생산은 산술급수적으로 늘어나 인류는 결국 굶주림을 피할 수 없다는 얘기지요. 그래서 점점 자원이 고갈돼 자원희소성의 시대가 찾아오리라 내다보았죠.

맬서스에 앞서 17세기 영국 철학자 토머스 홉스^{Thomas Hobbes}(1588~1679)

는 《리바이어던 Leviathan》(1651)에서 인간본성을 비관적으로 설명했어요. 즉, 인간은 본능적으로 이기적이며 잔인한 존재이고, 인간을 도덕적 존재로 만들려는 노력은 모두 시간 낭비라고 보았어요. "인간을 '자연상태'에 방치해두면 반드시 서로를 죽이게 된다"고 주장했습니다. 이 말은 진화론으로 보면 '포식주의'를 의미하죠. 강한 놈은 살아남고 약한 놈은 죽는다는 식입니다. ▶인간의 뿌리

홉스는 "삶이란 모두에게 '고독하고 가난하고 처참하고 잔인하고 짧은' 것이 되고 만다"는 말도 남겼죠. 인간본성을 기계론적인 관점에서 바라본 그의 견해를 두고 사람들은 '심리적 이기주의'라고 불렀습니다.

홉스는 잠을 자다가 살해당하는 참사를 피하려면, 이기적인 개인들 서로가 '사회계약'을 맺기 위해 필사적으로 노력해야 한다고 했습니다. 그러나 무자비한 개인들 사이에 맺은 계약이란 언제든지 깨질 수 있습니다. 그래서 '정부의 계약'을 보강해서 계약을 어긴 사람을 정부가 혼낼 수 있게 해야 한다고 했지요.

하지만 맬서스의 망령亡靈이 살아난다 해도, 홉스의 계약이 부활한다고 해도, 받아들일 수 없는 이유가 있습니다. 그들이 '나눔'을 간과했기 때문이지요. 물론 자원은 희소합니다. 그래서 법과 제도 같은 계약이 필요하죠. 그러나 부족한 만큼 서로 나눌 수 있다면 누구나 부족한 대로 살아갈 수 있습니다. 빈부격차를 줄이고 서로 나누기 위해 인류가 머리를 맞댄다면 무서울 게 없습니다. 만약 맬서스가 "자원은 희소한 것이 아니다. 우리

가 나누기만 한다면 누구나 넉넉하게 살 수 있다"고 말했다면, 그의 위상
은 현재와 크게 달라졌을 겁니다.

강한 자만이 살아남는다는 진화론도 가만히 들여다보면 틀립니다. 사자
가 센 놈이 아닙니다. 사자의 개체 수는 주는데 쥐들은 여전하단 말이에
요. 토끼가 없으면, 영양이 없으면 사자는 죽어요. 그러니까 사자가 기생
寄生한 것이죠. 모든 초식동물은 풀에 기생하고 또 육식동물은 초식동물
이 없으면 다 죽죠. 실제 강한 놈은 식물이고 그게 원형인 셈입니다.

패러사이티즘Parasitism(기생)이란 말처럼 모든 생태계가 기생 관계로, 먹이
사슬이 기생으로 연결돼 있는 것입니다. 인간관계도 마찬가지죠. 여태까
지 귀족이 센 줄 알았는데 농민에게 귀족이 기생한 겁니다. 숙주 관계란
얘기죠. 농민이 없으면 귀족은 못 살아요. 그렇게 1980년대 들어 진화를
포식의 관계에서 보던 관점이 '기생체계'로 바뀌었어요.

그러나 진화론은 또다시 바뀌고 있어요. 심바이오시스Symbiosis, 공생共生
관계로 봅니다. 모든 생물은, 생물에 기생하는 세포조차, 그냥 기생하는
것이 아니라 함께 공생한다고 봐요. 모든 생물은 서로 의존관계에 있으니
까요. 겉으론 잡아먹히는 것 같아도 토끼가 늑대를 '고용'한 겁니다. 자기
개체 수가 많으면 다 죽으니까 늑대가 나타나 병들고 약한 토끼들을 잡아
줘야 강하고 튼튼한 놈이 나온다는 것이죠. 그래서 공생은 생물학적, 진화

200

론적 전략이란 겁니다.[3]

사실, 인간은 여타 동물과 달리 수렵과 채집을 통해 획득한 음식을 혼자 독식獨食하는 법이 없었습니다. 대개 가족과 함께 먹습니다.

말하자면 '공식共食common meal'이었던 셈입니다. 공식은 '가족·친족, 지역공동체의 성원이 모여 같은 음식을 함께 나누어 먹는 일'을 의미하는데, 이때 음식은 사회적 단결과 친목을 강화하는 역할을 했어요. 동서양을 막론하고 제례나 축제 등 공동사회의 다양한 행사에 음식과 술이 빠지지 않았던 이유지요.

미국 예일대 교수를 지낸 이반 일리치Ivan Illich(1926~2002)는 콘비비알리티conviviality(향연 혹은 연회)라는 키워드로 동물과 구별되는 인간의 속성을 연구했습니다. '함께 사는 것' '함께 밥을 나눠 먹는 것'이 콘비비알리티입니다.

상생하는 것, 같이 먹는 것, 그게 인간의 목적이고 사회의 궁극적인 목표죠. '먹는다'는 인간의 가치문제고 소통의 문제고, 공동체의 가장 중요한 문제라는 거예요.

그런데 함께 모여 같이 먹는 동물은 고릴라밖에 없어요. 짐승들은 같이 사냥은 해도 먹을 때는 서로 먹겠다고 싸웁니다. 인간이 왜 평화로운 짐

---

3 이어령, 《메멘토 모리》, 열림원, 2022.

승이냐? 함께 나눠 먹는 존재니까요. 나눠 먹고 함께 먹는 동물은 인간이 유일해요.

라틴어 코뮤니스communis에서 유래한 말로 코뮤니타스communitas라는 말이 있는데, 무상의 나눔을 서로 가질 정도로 친밀한 관계를 가진 생활 공동체를 뜻합니다.

또 커뮤니온communion은 어떤 일을 함께하는 친교 활동을 뜻합니다. 예수님의 성체인 빵과 포도주를 나누어 먹는 가톨릭의 성찬식聖餐式을 'The Holy Communion'이라고 하죠.

인간의 뿌리

《종의 기원》은 20세기를 열어준 위대한 저서로 꼽힙니다. 이 책이 출간된 후 진화론과 창조론의 대립이 전 사회 영역에 파급되었죠. 창조주인 하느님을 믿는 서구사회는 큰 충격에 빠졌습니다.

다윈의 진화론은 한 생물이 오랜 세월을 거치면서 각각 살기에 알맞은 형태로 변이를 계속해 적자適者만이 생존해 왔다고 보았어요. 최초의 생명체는 단세포였으며 이 생물이 차차 분화 발달되어 원생동물→무척추동물→척추동물→양서류→파충류→조류 및 포유류로 진화되었다는 주장이죠. 오늘날 생명의 변화를 진화론으로 이해하는 학자들은 과거 생물의 화석을 찾기도 하고, 유사한 생명체끼리 분자구조가 얼마나 닮았는지를 조사하기도 합니다.

다만, 다윈은 창조론을 부정하지 않았습니다. 다만 신이 창조한 종이 어떤 원리로 진화하는지 밝혀내고자 했어요. "개체는 임의로 변이를 일으켜 신의 뜻과 무관한 방향으로 진화하게 된다"고 주장했지요.

그러나 당대 종교인들은 "생물은 신이 창조한 모습 그대로 존재해야 마땅하다"고 생각했습니다. 창조론은 진화론에서 설명되지 않은 부분들을 어떤 절대자의 특별한 창조로 설명하려 했어요. "진화의 과정 중에 있는 생물의 화석이 전혀 발견되지 않았으며, 생명체가 고분자로 진화되기보다 오히려 분해되는 방향으로 진화해 왔다는 것이 자연계의 보편적인 현상"이란 것이죠.

다윈의 학설이 사회과학에 미친 부정적인 영향도 있었습니다. 다윈 학설을 사회 영역에 적용하고자 한 것을 사회적 다위니즘이라고 부릅니다. 사회적 다위니즘은 지배자를 생존 경쟁의 승리자, 피지배자를 패배자로 인식하게 만듭니다. 이 이론에 따르면 억압적인 독재나 야만적인 지배는 당연한 것이 되고, 이에 반대하는 운동은 낙오자들의 이유 없는 반항에 불과하다고 여깁니다.

5장　저 영원한 별로 향하는 노래

\#　　　Ad astra per aspera

　　　라틴어 'Ad astra per aspera'는 '아드, 아스트라, 페르, 아스
페라'로 읽습니다. 나는 프랑스어는 배웠지만 라틴어는 익히지 않았기에
이 문장의 정확한 발음은 몰라도 의미는 알죠.

고난을 통해서 별로 간다. ▶조이스의 별

세네카^{Lucius Annaeus Seneca}(B.C.4?~A.D.65)[1]의 구절인데, 뜻이 중요한 것만이

1　　고대 로마 제국 시대의 정치인, 사상가, 문학자. 로마 제국의 황제인 네로의 스승으로도 유명합니다.

아니라, 'A.A.A'의 두음을 보세요. '아드, 아스트라, 아스페라.' 이것이 바로 시입니다. 율리우스 카이사르^{Gaius Julius Caesar}(B.C.100~B.C.44)가 로마 시민과 원로원에 보낸 승전보에 쓴 유명한 문구 "왔노라, 보았노라, 이겼노라"도 사실은 이미 널리 알려진 라틴어 경구 "Veni, Vidi, Vici"였습니다. 우리에게는 영어로 번역된 문구가 다시 한국어로 번역되어 왔기에 알려지지 않았지만, 이 문구도 보세요. '베니, 비디, 비치', 'V.V.V'의 두음이에요. 이런 것이 시입니다. 영어로 번역해서는 시가 안 돼요.

미국의 34대 대통령 아이젠하워^{Dwight David Eisenhower}(1890~1969, 재직 1953~1961)가 대통령 선거 당시 내건 구호는 "I Like Ike"였어요. Ike는 2차 세계대전 당시 아이젠하워의 별명이었습니다. 이 말은 그대로 시가 됩니다. 'I Like Eisenhower(나는 아이젠하워를 좋아합니다)'라고 하면 'I Like Ike'와 같은 뜻이지만 시가 아니지요.

그러니까 시는 의미 이상의 것입니다. 의미에 날개를 단 것이에요.

조이스의 별

'고난을 통해 별로 간다'는 말은 제임스 조이스^{James Joyce}(1882~1941)가 쓴 《젊은 예술가의 초상》에도 나옵니다. 이 장편소설은 1914년 연재를 시작해 1916년 단행본으로 출간되었습니다. 이상옥 서울대 명예교수가 번역한 민음사판 《젊은 예술가의 초상》에서는 '역경을 거쳐 별에 이르도록'이라 번역합니다.

별의 지도

이 대목은 주인공 스티븐 더덜러스가 '굶주려 죽을지도 모르는' 예술가의 길을 걸을 수 있을지 주저하자, 대학의 학감學監은 확고하나 메마른 어조로 "그런 말은 하지 말게"라며 이렇게 말합니다. 학감은 예수회 사제입니다.

> "우리는 자신들에게 어떤 능력이 있는지 모르는 거야. 나 같으면 절망하지 않을 걸세. Per aspera ad astra(역경을 거쳐 별에 이르도록)이라는 말이 있잖은가?"

《젊은 예술가의 초상》 3장에는 스티븐이 성모 마리아에게 기도하는 장면이 나옵니다. 그 기도문 속에서도 'Ad astra per aspera'와 비슷한 내용이 있지요. 이 기도문에서 별, 혹은 샛별은 성모 마리아를 뜻합니다. 도보 여행자가 별을 보며 길을 찾으려 하듯, 어둡고 쓸쓸한 황야와 같은 삶에서 별이 지도가 되게 해달라는 간절한 바람을 담고 있습니다. 기도문의 일부를 소개하면 이렇습니다.

> 성모님, 이제 당신의 그 얼굴 그 모습이 우리에게 영원하신 존재에 대해 말해 주시나이다. 당신은 처다보기 위태로운 이 세상의 아름다움을 닮지 않고 당신의 징표인 샛별을 닮아, 빛나고 음악적이며 순결함을 숨쉬며 하늘을 말하고 평화를 불어넣나이다. 오, 대낮의 선도자여! 순례자의 빛이여! 이전처럼 우리를 계속 인도해 주소서. 어두운 밤 쓸쓸한 황야를 거쳐 우리를 주 예수께 인도하소서, 우리를 집으로 인도하소서.

　　우연 속에서 기적을 발견합니다

　　다시 고난을 통해서 별들로, 즉 'Ad astra per aspera'를 봅시다. 우연히도 '별'이라는 아스트라[Astra]와 '고통'이라는 아스페라[Aspera]가 발음이 비슷해요. 우연이겠지만 기적 같지 않아요? 밤이라는 고난이 있을 때 별은 빛납니다. 낮에는 별을 보지 못해요. 깜깜한 밤, 폭풍이 부는 때에 별은 아름다운 것입니다. 이렇게 별과 고난은 연결이 되는 것인데 언어까지도 유사한 거예요. 미국 캔자스주의 공식 모토입니다.

로마시대에 쓰이던 관용구 가운데 'Sic itur ad astra'라는 말이 있어요. 시인 베르길리우스[Publius Vergilius Maro](B.C 70~B.C. 19)가 쓴 서사시《아이네이스[Aeneid]》에 나오는 구절입니다. 영어로 표현하면 'thus one goes to the stars', 'such is the way to immortality', 우리말로 번역하면 '이리하여 사람은 별에 이른다', '별을 향해 전진한다', '불멸로 향한다'죠. 서사적이고 웅장한 의미를 지니고 있어요.

《아이네이스》에는 'opta ardua pennis astra sequi'라는 문장도 나옵니다. ardua(아르돠)는 '높은', '어려운'이라는 뜻의 형용사인데 명사처럼 쓰인다고 합니다. 역경, 고난이란 뜻이라고 해요. 번역하자면 '날개를 펴서 별을 따르는 고난을 택한다'인데 별을 따르기 위해 날개를 펼치려는 욕망[desire with out-spread wings to follow the stars]과 관련이 있다고 합니다.

'non est ad astra mollis e terris via'라는 라틴어 문장도 자주 쓰입니다.

'지구에서 별까지 쉬운 길은 없다'입니다.

미국의 포크 록 가수 에린 매코언^{Erin Mckeown}의 앨범《새처럼 될래요^{We Will} ^{Become Like Birds}》(2005)에 〈Aspera〉라는 곡이 있는데 후렴부는 이렇습니다.

Aspera! Per aspera! Per ardua! Ad astra!

영화 〈스타트렉^{Star Trek}〉의 우주선 엔터프라이즈호에는 'Per ardua ad astra'라는 문구가 새겨져 있습니다. '역경을 헤치고 별을 향해'라는 의미입니다.

또 영국 공군^{Royal Air Force}과 영연방 국가인 호주 공군^{Royal Australian Air Force}, 뉴질랜드 공군^{Royal New Zealand Air Force}, 그리고 1947년 독립하기 전의 인도 공군^{Royal Indian Air Force}의 공식 슬로건 역시 'Per ardua ad astra'입니다.

영국 RAF가 'Per ardua ad astra'을 공식 모토로 쓴 사연이 있습니다.

영국 왕립 비행부대의 첫 번째 사령관은 프레더릭 사이크스^{Frederick} ^{Sykes}(1877~1954) 대령이었죠. 그는 장교들에게 새로운 공군 모토를 생각해내라고 요구했다지요. 장병들을 하나로 모을 수 있는 강력한 구호 말입니다.

J. S. 율^{Yule} 중위가 전장으로 가는 길에 베르길리우스의 'Sic itur ad Astra'를 떠올렸다고 합니다. 그리고는 'Per Ardua ad Astra'를 생각했다고 해요. 사이크스 대령은 이 문구가 마음에 들어 영국 왕 조지 5세에게

승인을 요청했고 결국 영국 공군을 한데 묶는 슬로건이 됐습니다.

율 중위는 라이더 해거드 Henry Rider Haggard 경의 판타지 소설 《더 피플 오브 더 미스트 The People of the Mist》(1894)에 나오는 문구를 빌린 것으로 믿어집니다. 이 소설 첫 번째 장에 'Per Ardua ad Astra'가 나옵니다. 이런 이야기를 시작하면 사연이 끝없이 똬리를 틀 겁니다.

한국 프로야구 레전드 이만수 전 SK와이번스 감독이 좋아하는 문장이 'Scars Into Stars'입니다. Scar는 상처 자국이나 흉터 등을 뜻하는 명사인데 번역하면 '상처는 별이 된다'입니다. 생략된 영어 문장을 살리면 'Turn Your Scars Into Stars(당신의 상처를 별로 바꾼다)'입니다. '상처'와 '별'의 단어가 한 자(c, t)만 다르고 같습니다.

'H'가 반복되는, '상처'를 뜻하는 Hurt와 '별'과 비슷한 뜻의 Halo(성상의 머리나 몸 주위에 둥글게 그려지는 광륜 혹은 후광이라는 뜻)를 써서 'Turning Hurts Into Halos(상처를 빛으로 바꾼다)'라는 문장도 자주 사람들에게 회자됩니다.

그런 말들은 많아요. 어머니의 자궁은 움 Womb 인데 무덤은 툼 Tomb 입니다. 'W'와 'T' 글자 하나 차이지요. 무덤은 우리가 죽어서 가는 곳이고 자궁은 우리가 태어나는 곳인데 어쩌면 태어나는 곳과 죽어서 가는 무덤이 하나는 '움'이고 하나는 '툼'일 수가 있습니까. 이렇게 극과 극인데 차이는 고작 'W'와 'T'의 차이로 나타내는 그것이 시입니다. 언어에 대한 아름다움, 언어의 운율을 알기 시작할 때 시를 아는 것이지, 단순한 의미만을 알아서는 시인이 될 수 없습니다.

윤동주는 〈서시〉에서 오늘 밤에 '도' 별이 바람에 스치운다고 했어요. '도'라는 것은 반복의 의미지요. 어젯밤에도 내일 밤에도 무한히 계속될 거예요. 잎새에서 별까지 바람이 이는 그 길을 향해서 나는 걸어갑니다.

그런데, '밤, 별, 바람' 이상하지 않아요? 'ㅂ'이 공통적으로 겹쳐요. 세 개의 'B, ㅂ' 두운입니다.

시를 가르칠 때 저항시인이다 하는 정치적인 의미만 가르칠 것이 아니라 더 높은 차원으로 한국말의 두운이 여기에 있다는 것을 찾을 수 있게 가르쳐줘야 합니다. 이런 'ㅂ' 두운을 가진 시가 또 있어요. 정지용鄭芝溶 (1903~1950)의 〈향수〉라는 시에 보면 '빈 밭에 밤바람 소리 말을 달리고'라는 구절이 있습니다.

\#   순수의 시절, 노리코와 윤동주

시인 이바라기 노리코茨木のり子(1926~2006)라는 시인이 있습니다. 그는 식민지 청년 윤동주의 청아하고 맑은 모습에 반했다고 전해집니다. 일본어로 번역된 윤동주의 시를 찾아 읽기도 했고요. 훗날 노리코는 저서 《하나의 줄기 위에》에서 윤동주를 이렇게 기억했습니다.

1945년 후쿠오카 형무소에서 27세의 나이로 옥사獄死한 사람. 옥사의 진상
도 의문이 많다. 일본의 젊은 간수는 윤동주가 사망 당시 큰 소리로 비명을
질렀다고 했다.

노리코는 오사카 출신 의사인 아버지의 근무지를 따라 유년 시절, 교토와
아이치愛知현 등지에서 성장했다고 합니다. 1945년 일본 패전 당시 19
세에 시를 쓰기 시작했으며, 제국주의에 대한 반발과 전쟁의 비극을 날카
롭게 응시한 글을 주로 썼어요.
시인은 '내가 가장 예뻤을 때/ 아무도 다정한 선물을 건네주지 않았다/
남자들은 거수경례밖에 모르고/ 해맑은 눈길만을 남긴 채 모두 떠나갔
다'라고 말합니다. 그리고 '그래서 결심했다 가능하면 오래 살기로/ 나이
들어 무척 아름다운 그림을 그린/ 프랑스의 루오 영감님처럼²/말이지'라
고 끝을 맺습니다.
시 〈내가 가장 예뻤을 때〉는 시의 여러 요소 중 하나인 '아이러니'를 담고
있습니다. 전쟁으로 무수한 이웃들이, 청년들이, 아이들이 죽어갔을 때,
역설적이게도 '내가 가장 예뻤을 때'라고 하니까요. 죽어가는 사람들로
인해 '멋 부릴 기회를 잃고', '남자들은 거수경례밖에 모르며', '해맑은 눈
길만을 남긴 채' 모두 떠나고 말았습니다. 불행했고 엉뚱했으며 무척이나

---

2   프랑스의 화가 겸 판화가 조르주 루오(G. Rouault · 1871~1958)

쓸쓸했던 시절을 보낸 뒤 화자話者는 결심합니다. 가능하면 오래 살겠다
고. 끝까지 살아남아 이 세상이 아름답다는 사실을 증명하리라 다짐합니
다. 마지막 반전이 인상적입니다.

시 〈내가 가장 예뻤을 때〉가 순수했던 노리코의 슬픈 비망록이라면, 윤동
주의 '별 헤는 밤'은 순수 그 자체의 시입니다. 난해함이 없는 산문체의
아름다운 '동경憧憬'을 담고 있어요. 시어 '동경'은 그리움의 다른 표현
입니다. 윤동주는 이상과 순수, 구원의 상징인 '별을 헤면서' 여러 상념에
젖습니다.

계절이 지나가는 하늘에는
가을로 가득 차 있습니다.

나는 아무 걱정도 없이
가을 속의 별들을 다 헬 듯합니다.

(…)

별 하나에 추억과
별 하나에 사랑과
별 하나에 쓸쓸함과

별 하나에 동경憧憬과
별 하나에 시詩와
별 하나에 어머니, 어머니,

어머님, 나는 별 하나에 아름다운 말 한마디씩을 불러봅니다. 소학교 때 책
상을 같이했던 아이들의 이름과, 패佩, 경鏡, 옥玉 이런 이국異國 소녀少女
들의 이름과, 벌써 아기 어머니가 된 계집애들의 이름과, 가난한 이웃 사람
들의 이름과, 비둘기, 강아지, 토끼, 노새, 노루, '프란시스 잠', '라이너 마리
아 릴케', 이런 시인의 이름을 불러 봅니다.

윤동주의 〈별 헤는 밤〉(시작 부분)

이 시를 보면 별은 하늘에만 있는 게 아니란 걸 알게 됩니다. 별은 땅에도
있고 사람에도 있습니다. '천지인'이 별로 가득한 것이죠.
별은 꿈에도 빛나고, 추억에서도 빛납니다. 세상이 수놓은 별로 가득한 경
험, 그 황홀경을 삶에서 체험하는 순간에 시가 완성되나 봅니다.
윤동주는 별의 시인이었습니다. 특히나 별을 좋아했고 별을 소재로 한 시
가 많아요. 송희복 선생의 조사에 따르면 '별 시'가 4편, 별나라를 소재로
한 동시가 2편, 별이 시어로 등장하는 빈도수는 모두 13회, 산문에는 3회,

213

모두 합쳐 별이라는 말이 16번 나오는 것을 알 수 있습니다.[3]

윤동주 시를 읽으면 무척 서정적이고 맑다는 생각과 함께 무언가 슬프고 아련한 느낌이 듭니다. 그 느낌은 별을 통해 더욱 빛나고 아름답게 됩니다. 시어로서 별은 마법의 언어와 같아요. 아름다운 주문呪文처럼 별을 통해 세상의 어떤 어려움도 이겨낼 수 있어요. 어떤 고통도 극복할 수 있는 것이 됩니다. 밤하늘 반짝이는 별만 있으면 두려울 게 없습니다. 별은 마치 희망의 끈처럼, 우물의 두레박처럼 삶에 지친 윤동주의 목마름, 우리의 갈증을 적셔줍니다.

어머님,
그리고 당신은 멀리 북간도에 계십니다.

나는 무엇인지 그리워
이 많은 별빛이 내린 언덕 위에
내 이름자를 써보고,
흙을 덮어 버리었습니다.

---

3 송희복,《윤동주를 위한 강의록》, 글과마음, 2018.

딴은 밤을 새워 우는 벌레는
부끄러운 이름을 슬퍼하는 까닭입니다.

그러나 겨울이 지나고 나의 별에도 봄이 오면
무덤 위에 파란 잔디가 피어나듯이
내 이름자 묻힌 언덕 위에도
자랑처럼 풀이 무성할 게외다.

윤동주의 〈별 헤는 밤〉(끝나는 부분)

시의 후반부는 다시 어머니로 시작합니다. 북간도에 계신 어머니를 불러
본 뒤 그리움에 북받쳐 별빛이 내린 언덕 위에 자기 이름을 써보고 덮어
버립니다. 밤 벌레가 우니까 더욱 마음이 슬퍼져요. 하지만 이내 마음을
다잡습니다. '나의 별에도 봄이 오면'이라고 전제를 깝니다. '봄이 오면'
잔디가 언 땅 위에 피어나듯이 '내 이름자 묻힌 언덕 위에도' 풀이 무성할
것이라는 희망에 사로잡힙니다. 별은 윤동주에게 커다란 등대와 같아요.
아무리 비바람이 쳐도 길잡이가 되어주는….

서정시를 쓰기 힘든 시대일지라도

윤동주의 시를 읽으며 베르톨트 브레히트 ^{Bertolt Friedrich}

Brecht(1898~1956)의 〈서정시를 쓰기 힘든 시대〉가 떠올랐습니다. 윤동주
는 광기와 폭력의 시대에 서정시를 쓰는 일이 얼마나 어려웠을까요. 그것
은 분노와 절망, 안타까움의 시선이었을 겁니다.

시 〈서정시를 쓰기 힘든 시대〉는 1939년 쓰였는데 브레히트는 이미 6년
전 고향 독일을 떠나야만 했습니다. 히틀러가 정치사상범으로 그를 체포
하려 했기 때문이었죠.

1939년은 윤동주가 연희전문 2학년이 되던 해였어요. 북아현동에 살던
시인 정지용을 자주 찾아가기도 했다지요. 아마도 정지용과 밤새 시 이야
기를 하며 시인에 대한 꿈과 안목이 커졌을지 모릅니다. 그해 윤동주는
모두 6편의 시를 썼지요. ▶서소문의 우물

브레히트는 고향을 떠나 체코, 오스트리아, 스위스, 덴마크, 핀란드, 프랑
스, 모스크바, 미국, 스위스, 동독 등을 15년간 망명객으로 떠돌았어요. 자
신의 표현대로 '구두보다도 더 자주 나라를 바꿔 가며' 여러 곳을 전전해
야 했으나 그의 내면과 문학은 담금질을 하듯 단단해졌을 겁니다.

나도 안다, 행복한 자만이

사랑 받고 있음을. 그의 음성은

듣기 좋고, 그의 얼굴은 잘생겼다.

마당의 구부러진 나무가
토질 나쁜 땅을 가리키고 있다. 그러나
지나가는 사람들은 으레 나무를
못생겼다 욕한다.

해협의 산뜻한 보트와 즐거운 돛단배들이
내게는 보이지 않는다. 내게는 무엇보다도
어부들의 찢어진 어망이 눈에 띌 뿐이다.
왜 나는 자꾸
40대의 소작인 처가 허리를 구부리고 걸어가는 것만 이야기하는가?
처녀들의 젖가슴은
예나 이제나 따스한데,

나의 시에 운을 맞춘다면 그것은
내게 거의 오만처럼 생각된다.
꽃피는 사과나무에 대한 감동과
엉터리 화가에 대한 경악이
나의 가슴속에서 다투고 있다.

그러나 바로 두 번째 것이
나로 하여금 시를 쓰게 한다.

베르톨트 브레히트의 〈서정시를 쓰기 힘든 시대〉(전문)

브레히트가 나치에 탄압받을 때 윤동주 시인 역시 일제의 억압을 견뎌야
했습니다. 비극적 현실 속에서 문학하는 일은 어쩌면 본질적으로 불가능
할지 모릅니다. 문학이 자신을 구원할 수 있어도 작품이 아름답지 않으면
예술로서 존재할 수 없습니다. 시는 궁극적으로 언어예술이니까요. 윤동
주는 불면不眠의 시대에 아름다운 시(서정시)를 쓰며 시대를 견뎌야 했어
요. 게다가 별처럼 빛나는 작품을 세상에 남겼습니다.
윤동주의 삶과 'Ad astra per aspera'를 음미하자니 헝가리 태생의 미학
자인 루카치 György Lukács (1885~1971)가 쓴 《소설의 이론》(심설당, 1985)의 첫
문장이 떠오릅니다.

별이 빛나는 창공을 보고, 갈 수가 있고 또 가야만 하는 길의 지도地圖를 읽
을 수 있던 시대는 얼마나 행복했던가? 그리고 별빛이 그 길을 훤히 밝혀 주
던 시대는 얼마나 행복했던가?(반성완 譯)

지도가 없던 시대, 유일한 지도는 별자리였습니다. 길잡이들은 어두운 밤,

빛나는 별을 보며 길을 재촉했지요. 별이 지도가 되던 시절, 인간은 얼마나 행복했을까요. 윤동주도 별을 헤며 시를 썼겠지요?

태초의 사람들은 하늘에 흩어져 있는 별들을 그냥 바라보지는 않았습니다. 북두칠성처럼 별과 별을 이어서 하나의 별자리를 만들어냈습니다. 그리고 그 모습 속에 견우직녀와 같은 아름다운 이야기를 적어 넣었어요. 말하자면 별을 만들어낸 것은 하늘이지만 별자리를 만들어낸 것은 사람의 마음입니다. 그렇기 때문에 하늘의 별들은 똑같지만, 별자리와 그 전설의 이야기들은 민족과 나라에 따라 다 달라집니다. 밥 먹을 때 쓰는 젓가락 하나, 옷 입을 때 매는 옷고름 자락, 그리고 누워서 바라보는 대청마루의 서까래 ― 한국인들이 사용해온 물건들 하나하나에는 한국인의 마음을 그려낸 별자리가 있는 것입니다.[4]

임철우의 소설 《그 섬에 가고 싶다》(살림, 1991)에는 이런 문장이 나옵니다.

모든 인간은 별이다. 이젠 모두들 까맣게 잊어버리고 있지만 그래서 아무도 믿으려 하지 않고, 누구 하나 기억해 내려고조차 하지 않지만, 그래도 그건 여전한 진실이다.

4　이어령,《한국인의 손 한국인의 마음》, 디자인하우스, 1996.

별의 지도

서소문의 우물

윤동주가 1939년에 쓴 시는 〈달같이〉, 〈장미 병들어〉, 〈산골물〉, 〈자화상〉, 〈소년〉, 〈투르게네프의 언덕〉 등 6편입니다. 그는 그해 기숙사를 나와 북아현동에서 하숙생활을 했어요. 그러다 서소문으로 이사를 했어요. 그곳에는 조그만 개울이 있었고 근처에 우물도 있었다고 합니다. 바로 시 〈자화상〉의 배경이 된 우물이지요.(참조: 송우혜,《윤동주 평전》)

오늘도 나와 당신의 별을 찾습니다

러시아 출신의 시인 예브게니 옙투셴코(1932~2017)의 시 〈별의 역사〉는 '별이 지도가 되던 시절'의 이야기입니다. '사람의 운명은 별의 역사와도 같은 것 / 하나 하나가 모두 독특하고 비범하여 / 서로 닮은 별은 하나도 없다'는 시구가 감동적으로 와닿는 시입니다. 이어 시인은 '모든 사람에게 그만의 비밀스러운 세계가 있다/ 이 세계 안의 가장 아름다운 순간이 있다/ 이 세계 안의 가장 무서운 순간이 있다/ 하지만 우리는 이 모든 것을 알 수 없다'라고 말합니다. 어쩌면 그 별은 '영혼 속에서 타오르는 불꽃'일지 모릅니다. 사람마다 개성이 다르

220

듯, 불꽃의 밝기 역시 저마다 다를 것입니다.

소설로 치면 그 별은 '범상치 않은' 주인공입니다. 인간은 누구나 자기 삶의 주인공이죠. 만약 그런 자신을 중심으로 시와 소설을 쓴다면, 그리고 그 문학을 '역사적 진보'의 관점에서 쓴다면, 어떻게 쓰여질까요?

루카치가 '문제적 개인'이라 불렀고, 헤겔이 '세계사적 개인'이라 칭한 인간은 그저 평범할 수 있지만 그 개개인의 삶을 들여다보면, 어느 것 하나 평범하지 않습니다. 삶은 누구에게나 치열하죠. 가혹하고 사랑스러우며 눈물겹습니다. 인간의 삶이란 어느 것이나 정답이 없는 복잡한 방정식이니까요.

정호승 시인은 별의 시인입니다. 별에 대한 이야기가 유독 많아요. 시집 《별들은 따뜻하다》(1990)를 꺼내 다시 읽어봅니다. 윤동주가 그러하듯 정호승에게도 별은 '위로'의 상징이에요.

하늘에는 눈이 있다
두려워할 것은 없다
캄캄한 겨울
눈 내린 보리밭길을 걸어가다가
새벽이 지나지 않고 밤이 올 때
내 가난의 하늘 위로 떠오른
별들은 따뜻하다

별의 지도

나에게

진리의 때는 이미 늦었으나

내가 용서라고 부르던 것들은

모든 거짓이었으나

북풍이 지나간 새벽거리를 걸으며

새벽이 지나지 않고 또 밤이 올 때

내 죽음의 하늘 위로 떠오른

별들은 따뜻하다

정호승의 〈별들은 따뜻하다〉(전문)

캄캄한 겨울, 눈 내린 보리밭 위로 떠오른 별은 얼마나 밝을까요? 얼마나 따스할까요? 사는 게 고통스러워 진리를 외면하고, 용서한다는 말도 거짓말이 되어 버렸지만 그래도 이 순간, 하늘 위로 떠오른 별만큼은 따스하게 느껴집니다. 그게 바로 우리 인생이니까요.

별을 바라보며 꾸는 꿈은 '불가능'을 '가능'으로 만드는 마력이 있습니다. 사람은 자기가 꾸는 꿈만큼 성장한다고 하죠. 일본인들이 많이 기르는 관상어 중에 '고이'라는 잉어가 있습니다. 놀랍게도 이 잉어는 작은 어항에 두면 5~8센티미터밖에 자라지 않지만 큰 수족관에 넣으면 15~25센티미터까지 자란다고 하죠. 그리고 강물에 방류하면 90~120센티미터까지 큽니다.

고이는 자신이 사는 환경에 따라 성장하니까요. 우리의 생각이 잉어 고이가 처한 환경과 같다면, 우리가 더 큰 생각을 품고 더 큰 꿈을 꾸면 더 크게 자랄 수 있습니다.

병瓶에 물을 담으면 물병이, 꽃을 담으면 꽃병이, 그리고 꿀을 담으면 꿀병이 된다고 하던가요? 우리들 삶의 그릇도 이와 같아 그 안에 무엇을 담느냐에 따라 삶이 달라지겠지요.

미움과 증오보다 감사와 기쁨을 담아야 합니다. 병 안에 무엇을 담느냐는 것은 오로지 나 자신의 결정입니다. 오늘 우리는 마음의 병에 무엇을 담을까요?

성경 시편 56편에 이런 구절이 나옵니다.

  나의 눈물을 주의 병에 담으소서.

가톨릭 성경에는 병 대신 '부대負袋'라는 단어로 표현합니다. 부대는 곡식을 담는 큰 자루를 말합니다.

  제 눈물을 당신 부대에 담으소서.

이스라엘 백성들은 자신의 눈물을 병(부대)에 담아 두었다고 합니다. 서러움과 슬픔, 고통의 눈물을 하느님이 아시고 위로해 줄 것이라는 믿음 때문이었어요. 장례식장에 그 '눈물 병(부대)'을 두면, 눈물이 그를 살린다는 풍습이 있었습니다. 살린다는 것은 육의 부활이라기보다 영의 부활이겠지요. 어쩌면 내 생애 마지막에 남기는 것이 이 '눈물 한 방울'일지 모릅니다.

지금 내가, 우리가 흘리는 눈물을 부대(병)에 담아 오늘을 이겨낼 수 있기를 당신의 수호신에게 기도드립니다.

부록

이어령이 말하는 '하늘에서 본 지구'

얀 아르튀스 베르트랑^{Yann Arthus Bertrand}라는 프랑스 사진작가가
있습니다. 그의 책이 이미 국내 번역되어 있어요.《얀이 들려주는 하늘에
서 본 지구 이야기 1, 2, 3》(2010),《소년, 지구별을 보다》(알랭 세르 지음, 얀
베르트랑 사진, 2010),《세상을 바꾸는 아이들》(안 얀켈리오비치 지음, 얀 베르트
랑 사진, 2013) 등이죠.

얀은 사진을 통해 아름다운 지구를 파괴하는 인간들을 고발하며 더는 환
경파괴를 멈출 것을 주장합니다. 과거 사자의 개체 수를 조사하러 하늘에
올라갔다가 아프리카의 아름다움에 매료되어 환경론자가 되었습니다.

2000년에《하늘에서 본 지구》를 출간하는데, 이는 유럽 언론으로부터
'신의 시선'이라는 찬사를 받으며 전 세계적으로 400만 부가 판매되는
기록을 보였다고 하죠.

《하늘에서 본 한국》, 새물결, 2008.　《하늘에서 본 지구》, 새물결, 2004.

사막을 건너는 낙타의 무리, 거대한 밭을 일구는 트랙터, 녹아가는 북극 빙하, 뉴칼레도니아의 산호초, 아마존 밀림 등 그의 사진들을 보면 우리가 사는 지구가 하늘에서 볼 때 이렇게 아름다운지 놀라게 됩니다.

얀은 이야기합니다. 땅에서 바라보는 시선과 달리 하늘에서 땅을 내려다 보니 세상이 달라 보이더라고요. 한마디로 역사주의에서 초월주의로 넘어간 것이죠.

얀의 사진들을 보면서 이런 생각을 해 봅니다. 역사를 넘어서야 한다고요. 역사는 잘못하면 사람들의 발길에 차여 저 구석으로 처박혀 버리고 맙니다. 인간의 시점, 대지의 시점을 넘어서 하늘의 시점으로 세상을 바라봐야 해요.

인도네시아 자바섬 원주민들은 절대 2층집을 안 짓는다고 해요. 왜 그럴까요? 내 머리 위에 누가 지나간다는 것을 용서할 수 없다는 것이죠. 안타깝지만 그런 이들의 시각에서 "지상을 초월해야 한다"는 나의 주장을 이해하긴 어려울 듯싶어요.

하늘에서 보면 문명의 추악한 모습이 아주 아름다운 곳으로 보입니다. 공해, 쓰레기, 폐기물, 공산품 등이 다 아름답게 보여요. 얀의 사진을 보면 그렇게 보입니다. 그가 일부러 미화시켜서 사진을 찍은 게 아닌데도 말이죠. 사진 속 자연은 인간 문명의 수레바퀴에 깔려 질식당할 운명이 아니라 그저 아름답기만 합니다.

신이 인간을 사랑하듯 하늘에서 보면 모든 피조물이 아름다운가 봅니다. 자연이 아닌 인간의 손으로 만든 도시를 봐도 하늘에서 내려다보면 복종의 도시, 정복해야 할 도시가 아닌 것이죠.

인간이 만든 도시지만 위에서 내려다보면, 땅(자연) 위의 직선과 곡선, 색깔은 신이 인간의 문명까지도 품을 수 있음을, 그분의 관용과 관대함을 느끼게 합니다.

얀이 한 대로 구름 위에서 자연을 내려다봅니다. 생각해보면 그의 사진은 우리나라의 산수화 같아요. 겸재謙齋 정선鄭敾(1676~1759)이 그린 금강전도를 떠올려봐요. 금강산 일만이천봉은 전부 위에서 내려다보는 그림입니다. 지상에서 위로 쳐다보는 시점과는 큰 차이가 있어요.

227

시선1   하늘과 땅 사이에 있는 인간의 눈은 아름답습니다

이상의 소설 〈날개〉에서는 모든 그림자가 소실되는 정오, 백화점 빌딩 옥상 위에서 내려다본 강철과 지폐와 부글거리며 끓어오르는 거리를 배경으로 온갖 야심과 희망이 말소된 언어를 담은 딕셔너리를 넘기는 것 같은 광경이 번뜩이며 펼쳐집니다.

이상은 조감도를 오감도로 고쳐서 시를 썼습니다. 조감도는 영어의 'bird's eye view'를 한자로 직역한 말로 하늘에서 내려다본 것처럼 그린 그림을 일컫는 말이죠. 이상이 새 '조鳥'자가 아닌 까마귀 '오烏'자를 쓴 데는 여러 가지 이유가 있었을 거예요. 도시든 농촌이든 강이든 산이든, 까마귀의 눈을 빌려 내려다본 인간 문명사회의 그림은 까마귀 색깔처럼 어둡고 흉합니다.

이상은 건축가였기 때문에 건축 용어로 자주 쓰이던 조감도에 상상과 시의 언어를 덧칠했다지만, 나는 그가 식민지 시대의 건축가가 아니라 프랑스의 생텍쥐페리와 같은 비행사였다면, 고목나무에 앉아 초가지붕을 굽어보거나 더러운 도시의 쓰레기터를 맴도는 까마귀의 눈을 빌리지 않고 생텍쥐페리처럼 '야간비행'을 하는 비행기에 탔더라면, 그래서 까마귀보다 더 높은 하늘에서 지구를 내려다보았더라면, 과연 그가 보여주었을 오감도가 무엇이 되었을까를 상상하곤 합니다. 어쩌면 프랑스 사진작가 얀 아르튀스 베르트랑의《하늘에서 본 한국》사진이 되지는 않았을까요.

얀이 찍은 사진, 하늘 위에서 부감한 지구의 조감도는 분명 까마귀의 눈으로 본 것이 아닙니다. 분노의 날을 앞에 두신 하나님의 눈, 심판하는 눈도 아닙니다. 그 눈은 지구를 조국으로 삼고 땅에서 태어난 인간의 눈입니다. 지구 구석구석을 자기가 태어난 고향처럼 바라보는 그의 눈높이는 절대로 복제기술의 사진술에서 오는 것이 아닙니다.

처절하면서도 아름다우며, 공허하면서도 꽉 차 있습니다. 담장도 성벽도 국경도 보이지 않습니다. 하늘에서 조감한 얀의 사진에서는 그곳이 아프리카이거나 아마존이거나 종교가 다른 사막의 도시라고 해도 우리를 갈라놓는 장애물들을 볼 수 없습니다. 높낮이를 잃어버린 모든 사물들은 비록 그것이 높은 준령이라고 할지라도 등고선을 잃고 평평해집니다.

그래서 수천 년을 내려온 인간의 고정된 시점이 바뀝니다. 사람의 눈높이로 보아온 풍경과는 전혀 다른 세상의 이야기를 들을 수가 있는 것이지요. 장엄하고 슬프고 때로는 낯설고 난해한 영상의 언어, 그야말로 땅을 치는 언어로 우리에게 다가오는 감동…. 그것이 나의 살갗을 한 겹 한 겹씩 벗겨냅니다.

처음으로 우리는 하늘 위에서 인간의 눈으로 지구의 모습을 그린 인감도를 봅니다. bird's eye view도 camera's eye view도 아닌, 다만 human's eye view로 봅니다. 얀의 렌즈는 때로 명증한 논리의 언어가 되고 때로는 눈물방울에 얼룩진 어머니의 눈이 됩니다. 얀의 두껍고 무거운 사진집을 엿보면서 조각난 내 조국의 건조한 땅의 무게와 펄펄 끓어오르는 지구의 신열을 느낄 때마다 나는 진화한 이상의 시를 읽게 됩니다. 인간의 눈높이에 가려진 지구가 비로소 사람의 눈앞에서 옷을 벗습니다. 탄산가스에 질식하고 있는 지구, 비가 모자라 목말라 하는 지구, 거대한 도시들이 암처럼 퍼진 지구와 전쟁의 불꽃으로 상처가 난 지구. 하지만 아무리 절망적인 지구 이야기라 해도 얀의 사진에는 반드시 어디엔가 키 작은 인간들이 등장합니다. 식물들 사이, 갈라진 흙바닥 사이, 콩알처럼 축소된 인간의 모습이 보입니다.

시선2 진실은 원근법을 없앤 고도로부터 옵니다

참된 것眞에 베낄 사寫자를 더한 것이 사진의 뜻이지요. '진짜를 찍은 것'이 사진이라고 생각했던 사람들이 붙인 이름입니다. 그러나 디지털시대의 사진술은 아주 쉽게 진짜를 가짜로 바꾸고 있지 않나요? 수정하고 변형하고 합성하여 참이 아니라 거짓된 것, 허상을 만듭니다. 베끼는 것이 아니라 조작합니다.

달나라의 흙에 최초로 찍은 인간의 발자국을 담은 영상도 수정된 것이라고 합니다. 걸프전 때 기름 바다에 엉겨 날개를 퍼덕거리며 죽어가던 해조도 연출된 것이라고 합니다. 우유 공장이 폭격을 당한 후 죽은 아이를 끌어안고 통곡하는 검은 옷의 여인 사진도 홍보용으로 꾸며진 것이라고 합니다.

얀은 그래도 진실을 찍습니다. 그의 사진은 보도사진도 기록사진도 그렇다고 예술사진도 아닙니다. 동시에 그는 포토 저널리스트도 아티스트도 아닙니다. 따라서 그의 사진은 '사진'이 아닙니다. 보도 이상의 사진, 예술 이상의 사진이지요. '사진이 무엇인가'를 말해주는 사진의 사진, 메타 포토라고 할 수 있어요. 그의 사진에는 가깝고 먼 것이 없습니다. 소실점도 없고 입체가 만들어내는 그림자도 없습니다. 어느 도시에도 갇혀있지 않습니다.

프랑스 중부 자연보호구역의 책임자로 일했던 얀은 서른 살 무렵, 사자의 생태를 조사하기 위해 아프리카에서 생활했어요. 그때 처음으로 열기구를 타고 하늘에서 굽어본 지상의 아름다움에서 자연의 신비와 장엄함을 느꼈다고 해요. 열기구를 타고 하늘에 오르면 지상의 증오와 분노가 모두 사랑으로 변한다면서요.

그의 사진이 귀띔해주는 지구의 환경 이야기가 증오와 분노로 가득 찬 환경 운동가들의 그것처럼 황폐하지 않은 이유를 우리는 압니다. 비록 그것이 죽어가는 땅, 변해가는 바다와 기후, 그리고 계절조차 피해 가는 도시의 상처들이라고 해도 우리는 항상 그 속에서 지켜야 할 사랑과 아름다움을 보기 때문이지요. 기록이요 보도요 고발의 의미를 담은 사진이라고 해도 그것은 리얼리즘을 뛰어넘은 추상의 아름다움, 창조의 기쁨입니다.

시선3   숭례문이 거기 남아 있었습니다

얀이 찍은 숭례문을 보면 눈물이 납니다. 그것이 불타 없어졌기 때문이 아닙니다. 그 600년 역사를 기록으로 남겨주었기 때문이 아닙니다. 자동 차 물결 사이에 외로운 섬처럼 남아 있던 숭례문도 고공의 카메라 시점에 잡히면 갑자기 어깨를 펴고 거인처럼 일어서기 때문입니다. 거드름을 피 우던 모든 것들이 납작하게 엎드리게 되는 까닭입니다.

주변의 장애물이 없어져요. 사람도 자동차도 빌딩도 고공에서 보면 더는 장애물이 아닙니다. 영혼은 어느 것이나 수평이 아니라 수직으로 향하지 요. 우리가 고수하는 수평의 시선, 달리는 자동차의 창문으로 내다보던 엊 그제의 숭례문에서 못 보던 것을 얀이 우리에게 다시 보여줍니다. 그리고 소리치지요. 이제 우리에게 잊혀가는, 익숙하면서도 낯선 사투리로 '이것 이 남대문이란다' 하고요. 저 위에서 내려온 얀과 얀의 사진이 끊임없이 말을 건네는 것입니다.

어디 숭례문뿐이겠어요. 소박한 어민들이 먹고살기 위해서 그물을 던지 는 바다와 소탈한 농부들이 씨를 뿌리는 산비탈 그리고 기하학적인 선으 로 태초의 바다를 문명화한 양식장의 인공물이며 도시 인근의 비닐하우 스까지도 수직의 시선 밑에선 영혼을 가집니다. 그 시선 아래 옛날 소금 장수들이 다니던 길이 보이고, 치맛자락이 끌리던 논길도 보이고, 영영 사 라져버린 줄 알았던 박넝쿨이 올라간 초가지붕도 보입니다.

얀의 가슴을 통해 하늘 위에서 보면 불탄 숭례문이 보입니다. 판문점을 찍고 금강산도 찍었으니 생텍쥐페리가 지상의 별이라고 부르던 도시의 불빛조차 없는 칠흑 같은 북한 땅도 찍었으면 합니다. 군사용 인공위성에서는 못 찍는 영혼의 렌즈로 감춰진 사랑과 자유와 평등을 볼 수 있도록.

시선4   사진집은 내 상상의 베개

바람이 심하고 하늘의 스모그가 있어 항공촬영이 불가능할 때 얀은 무엇을 할까요. 그럴 땐 지상에 내려와 지구 어느 도시에서의 전시회를 준비하고 있지 않을까요. 그러나 우리는 이 사진집을 펼치는 동안이면 언제 어디서든 얀이 있던 그곳, 저 위 하늘에 머물며 한창 지구를 찍게 됩니다. 저기가 북위 44도 26분에 동경 110도 39분의 산이고, 저기가 남위 19도 36분에 동경 29도 03분의 해안이라고 말하지 맙시다. 이것은 지도책이 아니니까요. 지구본이 아니니까요. 내가 편안히 잠을 자기 위해 가장 폭신한 베개에 수놓은 베갯모니까요. 내 베개의 베갯모처럼 아름답고 더러는 눈물 자국도 배어 있는 이 사진집을 베고 세계를 상상합시다. 인간과 자연을 직관합시다. 세계여행 안내서나 시효 지난 여권은 찢어버리고 이 사진집을 넘기며 기차의 기적소리와 이륙하는 비행기의 제트엔진 소리를 들읍시다.

그의 책에선 사람 냄새가 납니다. 해초와 초목과 흙냄새를 호흡하게 됩니다. 얀 아르튀스 베르트랑의 눈을 빌려 고공비행을 합니다. 하늘과 가장 가깝고 땅과 가장 가까운 그 거리에서.

끝나지 않은 한국인 이야기 | 전6권

별의 지도

이어령이 생의 마지막 순간까지 그렸던 꿈·이상·소망. 그가 끝내 닿고자 했던 하늘과 별의 이야기.

땅 속의 용이 울 때(가제)

도시는 고향을 떠난 실향민의 눈물과 추억으로 세워진 탑이다. 대도시의 아파트에서 한밤중에 눈을 떠 땅속의 지렁이 울음소리를 듣는 디아스포라의 문명 읽기.

바이칼호에 비친 내 얼굴(가제)

한국인의 정체성을 담고 있는 내 얼굴은 생물과 문화, 두 유전자의 공간과 시간을 찾아가는 신체 지도이다. 얼굴을 통한 한중일 세 나라의 비교문화사.

어머니의 반짇고리(가제)

옷은 날개이고 깃발이다. 그것은 우리가 추구하는 진선미의 하나다. 어머니의 작은 바늘과 반짇고리 속에 담긴 한국인의 마음, 한국인의 문화 이야기.

애야 밥 먹어라(가제)

아이들이 뿔뿔이 흩어져 제집으로 달려갈 때, 아무도 부르지 않는 빈 마당에서 저녁노을을 맞이하는 아이들. 한국 식문화의 어제와 오늘을 통해서 본 한국 번영의 출구.

강변에 세운 집(가제)

모든 문명은 그 시대의 건축과 도시로 축약되고 우리는 그 속에서 나와 민족의 정체성을 읽는다. 충격과 화제를 낳았던 강연 <건축 없는 건축>의 비밀스러운 내용.